HEILIGES LAND

LIBANON

See Gennesaret

SYRIEN

Nazaret

Deir Jenin

PALÄSTINEN-
SISCHES
GEBIET

JORDANIEN

MITTELMEER

ISRAEL

Tel Aviv

Taybeh

Jerusalem

Bethlehem

Totes Meer

Gaza

ÄGYPTEN

LIBANON

Akkar

Deir Jenin

Hermel

Tripoli
✝ Antonius Qozhaya
✝ Qannubin
Bcharre

Heiliges Tal

Orontes

Jdeideh el-Fike

Batroun
Mayfouk
Smar Jbeil
Annaya
Biblos

Libanon Gebirge

Deir El-Ahmar

Baalbek

MITTELMEER

Jounieh
Kaslik

Harissa
Bkerke

Zahle

Beirut

SYRIEN

Sidon
Mantara

Tyrus
Kana

Rmeich

ISRAEL

Hans Hollerweger

Bei den Christen im Orient

Begegnungen, Erfahrungen, Hilfen

Hans Hollerweger

Bei den Christen im Orient

Begegnungen, Erfahrungen, Hilfen

Wagner Verlag

Bibliografische Information der Deutschen Bibliothek

Die Deutsche Bibliothek verzeichnet diese Publikation in der Deutschen Nationalbibliografie;
detaillierte bibliografische Daten sind im Internet über http://dnb.ddb.de abrufbar.

Umschlagbild: Pira Delal-Brücke in Zakho/Nordirak
© Alle Rechte vorbehalten – Printed in Austria
Wagner Verlag, DDr. Helmut Wagner, Harrachstraße 7, 4020 Linz
office@wagnerverlag.at, http://www.wagnerverlag.at
© Dr. Hans Hollerweger, Friedensplatz 2, 4020 Linz
Layout und Grafik: Brigitte Hauke
Karten: Grafiker Michael Moder
Lektorat: Christine Eckmair
Druck: Trauner Druck/Linz
ISBN 978-3-903040-33-5

Linz 2018

Erzbischof Polycarpus Augin Aydin

Vorwort

Mit großer Freude schreibe ich ein Vorwort für dieses bemerkenswerte Buch: *Bei den Christen im Orient. Begegnungen, Erfahrungen, Hilfen* von Hans Hollerweger, Professor emeritus für Liturgiewissenschaft an der Katholischen Privatuniversität Linz, Österreich, einem wahren und engen Freund des Orients und seiner schwindenden christlichen Gemeinden. Das Buch gibt einen unmittelbaren Einblick in das Leben verfolgter und leidender Christen im Orient, die er besuchte, denen er zuhörte und die er unterstützte – in der Türkei, im Heiligen Land, im Libanon, in Syrien und im Irak.

Foto: Marte Visser, Niederlande

Das inspirierende Vorwort des Autors skizziert sein Bestreben, eine dauerhafte Brücke der Solidarität mit den Christen der Ostkirche zu bauen und sie damit ihren Brüdern und Schwestern im Westen näher zu bringen. Die im Buch geschilderten persönlichen Begegnungen und Erlebnisse im Verlauf des letzten Vierteljahrhunderts bilden den Hintergrund, der notwendig ist, die unglückliche Lage der verfolgten Christen im Orient zu verstehen und sie sich bewusst zu machen, sowie ihre gesellschaftliche, kulturelle, historische und liturgische Bedeutung, nicht nur für die Christen im Orient, sondern für das Christentum insgesamt.

Über diese von Hans Hollerweger erbaute nachhaltige Brücke geleitet das Buch die Leser auf eine fesselnde Reise quer durch die physische und kulturelle Geschichte des Orients, aus der heraus die Bibel und das Christentum entsprangen, und führt sie durch historische Kirchen und Klöster. Gleicherweise stellt es die um ihr Überleben kämpfenden christlichen Gemeinden der Region einem breiteren Publikum vor und präsentiert sie als eine lebendige Gemeinschaft, vor allem durch die Feier ihrer historischen Liturgie auf Aramäisch, der Sprache unseres Herrn Jesus Christus, für den sie im täglichen Leben Zeugnis ablegen.

Aufgrund der schrecklichen Kriegsereignisse in der Region haben im Lauf der Jahre zahlreiche Christen den Orient verlassen und haben im Westen Zuflucht gesucht in der Hoffnung auf dauernden Frieden und eine sichere Zukunft für sich und ihre Kinder. Die Zurückbleibenden waren offensichtlich auf Solidarität angewiesen, und Prof. Hollerwegers Bestreben war es, diese zu erbringen: durch die Organisation *Freunde von Tur'Abdin* und die Gründung des Hilfswerks *Initiative Christlicher Orient* in Österreich.

Ich hoffe und bete, dass dieses bedeutsame Buch *Bei den Christen im Orient: Begegnungen, Erfahrungen, Hilfen* in seinen Lesern ein Gefühl nicht so sehr der Ferne des Orients und seiner christlichen Gemeinden erstehen lässt, sondern eher ein Gefühl ihrer unmittelbaren Nähe und Relevanz.

Das Buch ist eine packende Schilderung des verwundeten christlichen Orients, eine Schilderung, die auf ihre Weise herausfordert, als Spiegel der vergangenen 25 Jahre des Überlebenskampfes und Leidens der dortigen christlichen Gemeinden, und die doch letztlich zutiefst positiv ist und so vieles bejaht, was es wert erscheinen lässt, Hans Hollerwegers dauerhafte Brücke – erbaut auf den Pfeilern von Liebe und Solidarität mit den christlichen Brüdern und Schwestern im Osten – zu beschreiten und sich für sie einzusetzen.

+Polycarpus Augin Aydin
Syrisch-Orthodoxer Erzbischof, Glane/Niederlande

Vorwort

Brücken verbinden. Brücken überwinden Flüsse und Ab-
gründe. Brücken ersparen Umwege. Die Pira Delal, die *Schöne
Brücke* in Zakho/Nordirak, nach mündlicher Überlieferung aus
der Römerzeit, hat durch viele Jahrhunderte den Brücken-
dienst erfüllt und den Khaburfluß überbrückt, Menschen und
Ländereien verbunden und manchen Umweg erspart. Jetzt ist
sie im Ruhestand; nur Fußgänger können sie noch benützen.
Aber sie wird als Sehenswürdigkeit bestaunt und erfüllt auf
diese Weise nach wie vor einen wichtigen Dienst für die Stadt
Zakho: Sie zieht viele Touristen an.

Die Christen im Orient leben im *Nahen Osten* und sind uns
doch so fern. Ich habe versucht, eine tragfähige Brücke zu
ihnen zu bauen, um sie den Christen im Westen näher zu brin-
gen. Die Voraussetzung dafür sind gute Brückenpfeiler an beiden Ufern und zwischen ihnen
eine tragfähige Verbindung. Die Pira Delal-Brücke von Zakho ist mir deshalb ein Symbol für die
Kontakte mit den Christen im Orient in den vergangenen 25 Jahren. Wie oft habe ich sie doch
gesehen, bewundert und fotografiert!

Wie gerne denke ich an die vielen Begegnungen, Erfahrungen und Hilfen in diesen Jahren
zurück! Doch ich habe jetzt nur mehr die Telefon- und E-Mail Brücke, aber die alte gewohnte
Brücke der Besuche musste ich aus gesundheitlichen Gründen abbrechen. Die Brücke der Erinnerung ist geblieben, und sie ist die Grundlage für dieses Buch!

In der Erinnerung wird vieles wieder lebendig und rückt nahe: der Tur Abdin mit seinem
unvergleichlichen kulturellen Erbe an Klöstern und Kirchen, das Heilige Land, geheiligt durch
Jesus Christus, der kleine Libanon mit seiner religiösen und landschaftlichen Vielfalt, die an
antiken Sehenswürdigkeiten reichen Länder Syrien und Irak.

Die Christen im Orient sind für viele Christen im Westen weithin vergessen. Warum tun wir
uns nach wie vor mit den Christen im Orient so schwer? Man besucht das Heilige Land und
geht den steinernen Spuren nach, die an Jesus Christus erinnern, aber den einheimischen
Christen, den *lebendigen Steinen*, begegnet man auf den ausgetretenen Wallfahrtsrouten
nicht. Ebenso blühte vor den derzeitigen Kämpfen der Tourismus zu den sehenswerten Städten
und antiken Ruinen in den anderen Ländern.

Wenn ich mich anschickte, die Christen im Orient zu besuchen, wurde ich nicht selten gefragt: „Gibt es denn dort Christen?" Die arabische Welt wird fälschlich mit muslimischer Welt
gleichgestellt, und die Christen, die seit 2000 Jahren dort leben, sind vergessen. Doch unser
christlicher Glaube hat dort seine Wurzeln! Die Christen des Orients haben ihn unter großen
Bedrängnissen Jahrhunderte hindurch gelebt und bewahrt. Die verschiedene Feier ihres Glaubens in einer Vielfalt von Kirchen gründet in den verschiedenartigen Kulturen der Antike.

Manche Hindernisse gilt es zu überwinden: Die semitischen Sprachen, zu denen im Westen
nur wenige einen Zugang haben; die uns fremde Mentalität, so dass mit denselben Worten
manchmal nicht dasselbe gemeint ist; der Orientale hat Zeit, die wir nicht haben. ... Neben all
diesen Schwierigkeiten hat die Last der Geschichte, die weithin vom Westen bestimmt wurde,
Gräben aufgeworfen und zu unseligen Entwicklungen geführt.

War ich für die Begegnung mit den Christen im Orient prädestiniert? Ganz und gar nicht!
Mich reizten die hohen Berge der Alpen! Ich war als Kaplan und später beinahe drei Jahrzehnte
als Professor für Liturgiewissenschaft an der Theologischen Fakultät in Linz und durch die Mitarbeit bei der Liturgiereform reichlich mit Arbeit überhäuft. Der Orient war für mich eine späte
Entdeckung! Doch hat die Liturgiewissenschaft durch das Studium der orientalischen Liturgien

entscheidend das Interesse am Orient geweckt. Ebenso gestaltete ich als Chorleiter oftmals byzantinische Liturgien, auch ein Wegweiser in dieselbe Richtung!

Aber es gibt Zufälle, die für das Leben viel bestimmender sein können als konkrete Planungen. Vom französischen Schriftsteller Anatole France (1844-1924) ist der Ausspruch überliefert: „Zufall ist vielleicht das Pseudonym Gottes, wenn er nicht selbst unterschreiben will". Ich vertraue, dass dieses Pseudonym auch für meinen Weg zu den Christen im Orient gilt!

In den 25 Jahren von 1989 bis 2014 sah ich die Not und Bedrängnisse der Christen, die je nach Land sehr verschieden waren. Da ich nicht ungern organisiere, drängte es mich zur konkreten Hilfe. „Wer nichts tut, kommt immer zu spät", sollte einer meiner Grundsätze werden. Der Anfang meiner Arbeit im Tur Abdin war gleichsam meine Lehrzeit für die anderen Länder.

Nach einem Besuch des Tur Abdin gründete ich am 28. September 1989 die *Freunde des Tur Abdin*. Als um das Jahr 2000 einige Länder des Orients mit einbezogen wurden, geschah dies unter dem Namen *Initiative Christlicher Orient (ICO)*. Die steuerliche Abschreibung von Spenden führte zur Gründung des *Hilfswerkes Initiative Christlicher Orient*. Durch diese Änderungen des Namens wurde der staatlich und kirchlich anerkannte Verein an die Gegebenheiten angepasst. Der Verein war für mich ein großer und notwendiger Rückhalt.

Von Anfang an wollten wir im Sinne der katholischen Kirche arbeiten, nicht als unabhängige NGO. Aber es war nicht unsere Absicht, die Caritas zu ersetzen. Wir verstanden uns als Hilfswerk für die Pastoral im weiteren Sinn mit sozialen und wirtschaftlichen Hilfen, wobei die Grenzen nie genau gezogen werden konnten.

Ich schließe die vielfältige Arbeit aus, die zuhause getan wurde: Sitzungen, Vorträge, Ausstellungen, ICO-Tagungen oder die Zusammenarbeit mit anderen Vereinen. Ich habe auch nicht die Absicht, die Projekte dieser 25 Jahre zu beschreiben; manche werden jedoch mehr oder weniger nebenbei erwähnt. Ich werde Begegnungen und Ereignisse aufgreifen, die mich betroffen gemacht haben, und versuchen, sie durch meine Fotos *anschaulich* zu machen. Die Bilder sind nicht für die Veröffentlichung fotografiert worden, weshalb ich bei manchen Aufnahmen um Nachsicht bitte. Sie stammen alle aus meinem Fotoarchiv.

Ich möchte über die Schwierigkeiten schweigen, die von einflussreicher Seite, deren Namen ich nicht nenne, lange Zeit gemacht wurden. Man hat die Arbeit für eine Region erschwert, aber nicht verhindert.

Das Zustandekommen dieses Buches wäre ohne die Hilfe einiger Personen nicht möglich gewesen; ihnen bin ich besonderen Dank schuldig:

Ich danke Mor Polycarpus Augin Aydin, Syrisch-orthodoxer Erzbischof, Glane/Niederlande für sein Vorwort. Wie oft genoss ich doch die Gastfreundschaft in seinem Elternhaus im Tur Abdin! Seit seinen Studienjahren bin ich mit ihm freundschaftlich verbunden.

Wie soll ich Frau Brigitte Hauke für die Gestaltung des Buches danken? Wie viel Zeit hat sie doch dafür aufgewendet, mit welcher Sachkenntnis das Design des Buches gestaltet! Dazu leistete viele Vorarbeiten Herr Peter Hauke. Ältere Fotos sind nur als Dia vorhanden, die aufbereitet werden mussten.

Der Grafiker und Designer, Herr Michael Moder, hat die Landkarten, die eine Orientierungshilfe sein sollen, gestaltet. Ich danke ihm dafür.

Ich danke Frau Christine Eckmair für die genaue Durchsicht des Manuskripts und für manchen guten Rat!

Herrn Professor Friedrich Schönberger danke ich für die Übersetzung des Vorwortes von Erzbischof Polycarpus Augin Aydin.

Herr DDr. Helmut Wagner hat das Buch, das in der Druckerei Trauner Druck/Linz hergestellt wurde, in das Programm des Wagner Verlages aufgenommen. Danke!

Ich freue mich, wenn Sie mich auf meinen Wegen im Orient begleiten!

Linz, im Juni 2018   Hans Hollerweger

Einleitung

Ex Oriente Lux – Licht aus dem Orient: Der christliche Glaube kam aus dem Orient nach Europa. Römische Soldaten, die vielfach aus dem Orient in unser ebenso zum Römerreich gehörendes Land kamen, waren die ersten Glaubensboten. In den ersten Jahrhunderten lag der Schwerpunkt des christlichen Lebens und der theologischen Durchdringung des Glaubens durch die Kirchenväter im Orient. Die ersten Ökumenischen Konzile wurden im Orient gehalten. Daraus schöpfen wir auch heute noch die Tiefe und den Reichtum des christlichen Glaubens. Der Spruch *Ex Oriente Lux* hat bis heute nichts von seiner Aktualität eingebüßt.

Doch die gegenwärtige politische Lage wirft dunkle Schatten auf die betroffenen Länder im Orient: Okkupation, Bürgerkrieg, islamischer Fundamentalismus und Terror bestimmen das Leben, besonders das Leben der Christen. Die Keime dieser Entwicklung wurden weithin von auswärts in diese Region hineingetragen. Man kann nur auf eine Zukunft hoffen, in der die Flüchtlingsströme versickern, Zerstörtes wieder aufgebaut ist und die Menschen in Frieden und Sicherheit leben können. Die gegenwärtige Lage ist jedoch nicht Thema dieses Buches.

Der Orient, wie ich ihn kennengelernt habe, war schon lange von Auseinandersetzungen geprägt: die Kriege, die Israel mit seinen arabischen Nachbarn geführt hat, der langjährige Bürgerkrieg im Libanon, der Kampf des türkischen Militärs gegen die Kurdische Arbeiterpartei (PKK) in der Osttürkei, die autoritäre Art Syrien zu regieren, der folgenschwere Einmarsch in den Irak durch die USA und ihre Verbündeten im Jahre 2003. Einen friedlichen Orient, in dem die Christen ihren Glauben in einer muslimischen Umgebung ohne Probleme leben konnten, habe ich niemals vorgefunden.

Dennoch hat mich der Orient in seinen Bann gezogen: der Tur Abdin als christliche Kulturlandschaft mit einem staunenswerten Erbe aus der Vergangenheit, das Heilige Land, das ich schon bei einigen früheren Pilgerreisen kennen gelernt hatte, Syrien mit dem reichen Erbe aus der Antike und dem christlichen Leben, das sich freier entfalten konnte als in anderen muslimisch regierten Ländern, der Libanon mit seinem eigenen christlichen Selbstbewusstsein und schließlich der kurdische Nordirak in seiner landschaftlichen Schönheit, aber instabilen politischen Verhältnissen. In Jordanien, eine Insel inmitten von problemreichen Ländern, habe ich nur einmal liebe Freunde besucht, die mich durch das Land führten. Das war *mein* Orient!

Die Vielfalt der christlichen Kirchen, denen man im Orient begegnet, ist für Nichtfachleute leicht verwirrend. Deshalb hier ein Überblick:

Westsyrische Tradition:	Syrisch-orthodoxe Kirche
	Syrisch-katholische Kirche
	Maronitisch-katholische Kirche
Ostsyrische Tradition:	Alte Kirche des Ostens und Assyrische Kirche des Ostens
	Chaldäisch-katholische Kirche
Byzantinische Tradition:	Griechisch (Rum)-orthodoxe Kirche
	Griechisch-katholische (Melkitische) Kirche
Armenische Tradition:	Armenisch-apostolische Kirche
	Armenisch-katholische Kirche
Abendländische Tradition:	Katholische (Lateinische) Kirche
	Kirchen der Reformation: Evangelische und Anglikanische Kirche

Ich werde im Folgenden nicht chronologisch vorgehen, sondern die Begegnungen geordnet nach Ländern darstellen und zwar in der Reihenfolge: Türkei. Von Istanbul nach Antiochien, Tur Abdin, Heiliges Land, Libanon, Syrien und Irak.

Auf manche Aspekte werde ich nicht eingehen, weil sie schon in meinen beiden Publikationen aufgegriffen wurden:

Lebendiges Kulturerbe Tur Abdin, Linz [3]2006.

Baum des Lebens. Darstellungen und Verehrung des Kreuzes im Orient, Linz 2017.

Istanbul vom Galataturm aus

TÜRKEI

Von Istanbul nach Antiochien

Der christliche Orient in Istanbul

Noch bevor ich mit den Christen im Tur Abdin Kontakte hatte, besuchte ich auf Einladung des Österreichischen St. Georgs-Kollegs die Stadt am Bosporus, die auf zwei Erdteilen liegt: Europa und Asien. Sie war bei meinen ersten Besuchen in den späten 1970er Jahren eine schmutzige Stadt - und doch faszinierend schön. In der Zwischenzeit hat sich viel zum Besseren entwickelt: Istanbul ist ein Anziehungspunkt für Touristen. Es birgt ein vielfältiges und reiches Erbe aus byzantinischer und osmanischer Zeit. Mein Weg in den Orient führte über Istanbul, das Byzanz der Antike und Konstantinopel der byzantinischen Zeit; an dessen berühmten Monumenten kann man nicht vorübergehen.

Ich fühlte mich weniger als Tourist, vielmehr als Besucher, für den aber während der Woche kaum jemand Zeit hatte, mich bei der Erkundung der Stadt zu begleiten. So war der Stadtplan mein Führer. Die Orientierung erleichtert vor allem das Goldene Horn, die Meereszunge, die weit in das Land hineinreicht. Außer zu einigen abgelegenen Sehenswürdigkeiten war ich zu Fuß unterwegs und lernte auf diese Weise die Stadt bestens kennen. In manchen engen Gassen verdeckte ich den Fotoapparat mit meinem Anorak; mir war nicht ganz geheuer.

In Istanbul begegnet man Christen aller Konfessionen des Orients. Hier befindet sich das Ökumenische Patriarchat der Griechisch-orthodoxen Kirche, die ebenso Patriarchate im Orient hat. Das Patriarchat von Konstantinopel der Armenisch-apostolischen Kirche hat ebenso ein Patriarchat in Jerusalem und ein Katholikat im Libanon. Die Griechisch-katholische (Melkitische), Syrisch-orthodoxe, Syrisch-katholische und Armenisch-katholische Kirche haben ihre Patriarchate im Orient, aber in Istanbul eine entsprechende kirchliche Organisation. Istanbul ist vielfältig eine Brücke in den christlichen Orient!

Oft besuchte ich mit Gruppen oder allein den Phanar und feierte dort Ostern mit. Ich hatte enge Kontakte zur syrisch-orthodoxen Kirche und besuchte das armenisch-apostolische Patriarchat.

Die Feier der Osternacht im Phanar: Das Evangelium wird vor der Kathedrale verkündet

Hagia Irene – Kirche des Göttlichen Friedens

Die Hagia Irene ist die älteste Kirche Istanbuls, die von Kaiser Konstantin in den ersten Jahrzehnten des 4. Jahrhunderts erbaut wurde. Heute befindet sie sich im ersten Hof des Topkapi-Palastes. Sie diente vor der Hagia Sophia den Erzbischöfen und seit dem Jahre 451 den Patriarchen als deren Kirche.

Die Irenenkirche ging im Nikaaufstand im Jahre 532 ebenso wie die Vorgängerin der heutigen Hagia Sophia in Flammen auf; beide Kirchen wurden von Kaiser Justinian I. (527-565) wieder aufgebaut. Die Kirche des Göttlichen Friedens stand fortan im Schatten ihrer großen Schwester, der Hagia Sophia.

Ihr weiteres Schicksal deckte sich ganz und gar nicht mit ihrem Namen. Nach einem Erdbeben im Jahre 740 wurde sie vom damaligen Kaiser abermals in der heutigen Gestalt errichtet. Kurz vorher begann der Bilderstreit, so dass in ihrer Apsis nur ein einfaches Kreuz zu sehen ist. Nach der Eroberung Konstantinopels durch die Osmanen diente sie den Janitscharen als Waffenlager, wovon heute noch die Kanonen vor der Kirche zeugen.

Die Hagia Irene ist kirchengeschichtlich bedeutsam, weil in ihr im Jahre 381 eine Versammlung von 150 Bischöfen aus dem östlichen Teil des Römerreiches stattfand, die später als das Zweite Ökumenische Konzil anerkannt wurde. Mit dieser Kirche verbindet uns das auf diesem Konzil festgelegte Große Glaubensbekenntnis, in dem die Aussagen über den Heiligen Geist erweitert wurden. Ebenso wurde entschieden, dass der Bischofssitz von Konstantinopel, dem „Neuen Rom", den zweiten Rang einnimmt vor Alexandrien und Antiochien.

Hagia Irene   *Apsis der Hagia Irene*

Hagia Sophia – von einem Engel bewacht

Man kann sich an der Hagia Sophia nicht satt sehen. Sie prägt das Stadtbild und ist von solcher Harmonie und Schönheit, dass sie zu den großartigsten Bauten gehört und in das Weltkulturerbe aufgenommen wurde. Nach zwei Vorgängerbauten, die zerstört wurden, wurde die Hagia Sophia in den Jahren 532 bis 537 erbaut und war bis 1453 die Hauptkirche der Orthodoxen Kirche. Seit der Eroberung Konstantinopels durch die Osmanen diente sie bis 1934 als Moschee, seither ist sie Museum. Ich besuchte beinahe bei jedem längeren Aufenthalt in Istanbul die Hagia Sophia und besichtigte sie einige Male mit Gruppen.

Das Äußere der Hagia Sophia entspricht keineswegs dem ursprünglichen Erscheinungsbild: An allen Seiten wurden Stützmauern angebracht, um den Bau und vor allem die Kuppel vor einem Einsturz zu bewahren.

Der Raum wird von der Kuppel mit einem Durchmesser von 32 m beherrscht; das Licht, das durch ihre 40 Fenster dringt, durchflutet ihn. Die vier Pfeiler, die die Kuppel tragen, sind in die Mauern integriert, so dass man den Eindruck gewinnt, die Kuppel schwebe über dem Raum. Die beherrschende Kuppel schafft den Eindruck eines Zentralraumes.

Ebenso ist die vorhandene christliche Ausstattung bewundernswert. Im Mosaik der Apsis wird Jesus, die göttliche Weisheit, als Kind auf dem Schoß seiner Mutter Maria dargestellt. Der Marmor an den Wänden der Seitenschiffe, die Mosaike aus der Erbauungszeit und der Zeit nach dem Bildersturm erhöhen die Schönheit des Raumes. Das Mosaik auf der rechten Empore mit der Darstellung der Deesis, Christus umgeben von Maria und Johannes dem Täufer, ist der Höhepunkt der Schönheit, auch wenn Teile zerstört sind.

Vieles in ihr erinnert an die Zeit, in der sie als Moschee benützt wurde. So sind an den Toren und an den Schranken der Emporen bei den Kreuzen die Querbalken abgeschlagen.

Eine Legende berichtet: An einem Sonntag hatte ein Knabe, der das Werkzeug der Arbeiter bewachen musste, die Erscheinung eines Engels, der ihm den Auftrag gab: „Geh und hole die Arbeiter! Ich warte hier, bis du zurückkommst". Der Knabe berichtete dies dem Kaiser. Dieser befahl dem Knaben, nicht mehr zum Engel zurückzukehren. So wird die Hagia Sophia bis heute von einem Engel bewacht!

Wege in den Osten

Von Istanbul gehen viele Wege in den Osten der Türkei: nach Nizäa, der Stätte des Ersten Ökumenischen Konzils im Jahre 325 und des Siebten Ökumenischen Konzils im Jahre 787, nach Pergamon und Ephesus, dem Ort des Dritten Konzils im Jahre 431; aber auch weiter nach dem Osten: nach Tarsus, Antiochien am Orontes, Edessa, dem heutigen Urfa, Adiyaman und schließlich in den Tur Abdin.

Ebenso kann man von Istanbul aus vielen Spuren der Apostel nachgehen: Wiederum können neben anderen Städten Ephesus und Antiochien als Wirkungsstätten des Apostels Paulus genannt werden. Leicht zu erreichen sind auch die Orte, an die der Evangelist Johannes die Sendschreiben an die sieben christlichen Gemeinden Kleinasiens gerichtet hat.

Auf manche Städte und Orte, die ich im Zuge meiner Hilfsaktionen oder aus privatem Interesse im Laufe der vielen Jahre besuchte, unter ihnen die Hauptstadt Ankara oder die Felsenkirchen von Göreme, kann nicht eingegangen werden.

Nizäa – Stätte des Ersten Ökumenischen Konzils

Im Jahre 325 berief Kaiser Konstantin alle Bischöfe nach Nizäa, dem heutigen Iznik ein, um die Streitigkeiten um die Gottheit Christi zu klären, die der Presbyter Arius (+337) aus Alexandria geleugnet hatte und damit heftige Kontroversen auslöste. Die Versammlung von 300 Bischöfen fand im Palast des Kaisers statt, den man am Seeufer dieser Stadt vermutet. Aus dem Westen waren nur fünf Bischöfe angereist, die überwältigende Mehrheit kam aus dem Osten. Unter ihnen war auch Bischof Jakob von Nisibis (+338), das zu dieser Zeit noch zum Römischen Reich gehörte. Auf diesem Ersten Ökumenischen Konzil wurde der Arianismus verurteilt und in einem Glaubensbekenntnis die Gottheit Jesu Christi bekräftigt. Für den Glauben der Kirche in Ost und West war dies eine Entscheidung von höchster Bedeutung. Am Siebten Ökumenischen Konzil (787) waren die Kirchen des Orients nicht mehr vertreten.

Vermutete Stelle des Kaiserpalastes am Nizäasee

Spuren des Christentums in der Türkei

Die heutige Türkei war bis zum Einsickern seldschukischer Völker ab dem 11. Jahrhundert ein christliches Land. Dort fanden die Ökumenischen Konzile statt, dort lag der Schwerpunkt der Theologie, dort wirkten bedeutende Kirchenlehrer wie Johannes Chrysostomus in Konstantinopel, Basilios der Große, Gregor von Nazianz und Gregor von Nyssa in Kappadokien. Einige Heilige, deren Verehrung auch im Westen tief verwurzelt ist, hatten in der heutigen Türkei ihre Wirkungsstätten: die Märtyrer Ignatius von Antiochien und Polykarp von Smyrna, der heilige Nikolaus von Myra als Heiliger der Nächstenliebe.

Die byzantinischen Kaiser förderten den christlichen Glauben als Einheit stiftendes Element für ihr Reich, übten aber auch zeitweise eine bevormundende Herrschaft über die Kirche aus. Zu ihrer Zeit wurden Kirchen und Klöster errichtet, die vor allem das kostbare Erbe der heutigen Türkei bilden, freilich oft nur mehr als sehenswerte Ruinen.

Die Trennungen der einen von Christus gegründeten Kirche im Orient und vor allem die Trennung der byzantinischen Kirche von der römischen Kirche ab dem 11. Jahrhundert förderten zwar eigenständige, dem kulturellen Wurzelboden angepasste Kirchen, sie schwächten aber auch das Christentum vor allem gegenüber dem Islam.

Unter osmanischer Herrschaft konnten die Kirchen zwar weiterhin existieren, doch wurde ihr freies Wirken durch eine Oberaufsicht der Sultane eingeschränkt, und wo die Christen verdrängt wurden oder zum Islam konvertierten, wurden viele Kirchen in Moscheen umgewandelt, standen leer oder dienten anderen Zwecken. Letztlich verfielen viele Kirchen und Klöster und wurden zu Ruinen. In der Türkei der Neuzeit achtet man dieses Erbe nur, wo es touristisch attraktiv ist, ansonsten lässt man es in Vergessenheit geraten.

Ephesus war in der apostolischen Zeit die Hauptstadt der römischen Provinz Asia. Auf der dritten Missionsreise verbrachte der Apostel Paulus drei Jahre in Ephesus. Sein erfolgreiches Wirken brachte durch den Silberschmied Demetrius das Volk gegen ihn auf, das sich im Theater versammelte. Daraufhin verließ Paulus Ephesus (Apg 19, 21-40).

Antikes Theater in Ephesus

Ephesus – Zentrum des frühen Christentums

Ephesus war eine der größten Städte im Römerreich und durch den Hafen eine bedeutende Handelsstadt. Schon vor dem Apostel Paulus wurde der christliche Glaube durch Apollos verkündet. Wiederholt hielt sich Paulus in Ephesus auf. Nach späteren Berichten setzte Paulus seinen Schüler und Mitarbeiter Timotheus als Bischof von Ephesus ein. Johannes richtete ein Sendschreiben an die Christen dieser Stadt (Offb 2,1-7) und Ignatius von Antiochien schrieb auf seiner Fahrt zum Martyrium nach Rom (um 117) einen Brief an die „mit Recht überglückliche Kirche von Ephesus". Der Apostel und Evangelist Johannes ist in seiner nach ihm benannten Basilika bestattet worden. Kaiser Justinian errichtete die Kirche, deren Ruinen zu sehen sind.

Das Haus Marias

Auf einem Berg einige Kilometer südlich von Ephesus mit einem wunderbaren Blick auf das Meer liegt das Haus Marias (Meryem Ana). Der Evangelist Johannes soll die Mutter Jesu nach Ephesus gebracht haben, wo sie auch starb. Nach der genauen Beschreibung in den Visionen der Anna Katharina Emmerich fand man Ende des 19. Jahrhunderts hier die in den Visionen beschriebenen Ruinen, die renoviert wurden. Seither pilgern Christen und Muslime zum Haus Marias. In seiner Nähe lebt eine klösterliche Gemeinschaft.

Die restaurierten Ruinen der Johanneskirche

Das Dritte Ökumenische Konzil von Ephesus

Das Dritte Ökumenische Konzil wurde im Jahr 431 von Kaiser Theodosius II. (408-450) nach Ephesus einberufen und in der Marienkirche abgehalten. Es nahmen Bischöfe vom oströmischen Reich teil, Rom entsandte zwei Delegaten. Die Entscheidung von Nizäa „Jesus Christus wahrer Gott und wahrer Mensch" galt als von allen angenommene Grundlage, zur Entscheidung stand deren Verbindung. In dieser Frage vertraten Nestorius von Konstantinopel, Cyrill von Alexandrien und Johannes von Antiochien und deren Bischöfe verschiedene Auffassungen, die in der konkreten Frage gipfelten, ob Maria „Gottesmutter" genannt werden dürfe, also Gottheit und Menschheit geboren habe. Nestorius, der nur eine lose Verbindung vertrat und den Titel „Gottesmutter" ablehnte, wurde verurteilt.

Das oktogonale Baptisterium an der Nordseite des Haupteingangs hat in seiner Mitte das Taufbecken (piscina), in das die Täuflinge hinabstiegen und mit Wasser übergossen wurden. Zur Zeit des Konzils von Ephesus wurden in der Regel nur Erwachsene getauft, wobei der vorzüglichste Termin die Osternacht war. Nach der Taufe wurden die Täuflinge vom Baptisterium unter großem Jubel des Volkes in die Kirche geführt und feierten erstmals die Eucharistie mit.

Baptisterium der Konzilskirche

Die Ruinen der Konzilskirche

Antiochien am Orontes – Von wo aus sich das Christentum verbreitete

Antiochien am Orontes (Antakya) erinnert an urchristliche Zeiten. In dieser drittgrößten Stadt des Römerreiches nannten sich die Anhänger Jesu erstmals Christen. Sie begründeten ein Missionswerk nach dem Osten und dem Westen. Wie uns die Apostelgeschichte berichtet, war Antiochien der Ausgangspunkt für die drei Missionsreisen des Apostels Paulus. Hierher flüchtete Petrus vor der Verfolgung in Jerusalem; er gilt als erster Bischof dieser Stadt, und die in einer Felshöhle errichtete Kirche trägt seinen Namen. In Antiochien entwickelte sich auch eine erste kirchliche Organisation. Ihr berühmtester Vertreter aus der Anfangszeit ist der Märtyrerbischof Ignatius von Antiochien, der nach Rom gebracht und wilden Tieren vorgeworfen wurde. Noch heute tragen fünf Patriarchen der Kirchen im Orient als ersten Namen „Ignatius" und ergänzen ihn mit „von Antiochien".

In dieser Region Hatai überrascht eine religiöse Vielfalt, weil Antiochien erst 1939 der Türkei eingegliedert wurde. Die Mehrheit der Bewohner ist muslimisch, wobei die Alawiten eine Sondergruppe bilden. Die griechisch-orthodoxe Gemeinde mit der größeren Zahl an Gläubigen besitzt eine ansehnliche Kirche. Die kleine katholische Gemeinde nimmt in ihrem Gästehaus gerne Pilger und Touristen auf. Am Weg zum Musa Dagh westlich von Antiochen liegt ein Dorf mit armenischen Christen.

Ich besuchte öfters Antiochien und die Umgebung. In der katholischen Gemeinde erlebte man eine einladende Atmosphäre und gerne wurde uns von Mitgliedern der Gemeinde die Stadt und deren Umgebung gezeigt: das Museum mit kostbaren Schätzen der Antike, Samandağ bei Seleukia am Mittelmeer mit dem Titus-Tunnel, den Berg der Wunder, das Heiligtum der Alawiten u. a.

Altar der römisch-katholischen Kirche

Gästehaus der katholischen Gemeinde

In der Umgebung von Antiochien

Antiochien und seine Umgebung atmen noch vielfach den Geist der christlichen Vergangenheit. Überaus lohnend ist die Fahrt nach dem ca. 30 km entfernten Seleukia (Samandağ), dem römischen Hafen von Antiochien, wo sich Paulus zu seinen Missionsreisen eingeschifft hat. Oberhalb des Ortes befindet sich ein langer Tunnel, den Kaiser Vespasian durch den harten Fels schlagen ließ, um das Wasser eines Flusses umzuleiten, das den Hafen von Seleukia zu verlanden drohte. Der Tunnel ist nach seinem Sohn Titus benannt.

Auf halbem Weg zwischen Antiochien und Seleukia führt eine Straße auf den Berg der Wunder, den Simeon der Jüngere (521-592) als Säulensteher begründet hat. Noch ist der Stumpf der Säule inmitten einer Kirchenruine zu sehen. Unmittelbar daneben befinden sich die Ruinen des dazugehörigen Klosters. Zudem genießt man vom Berg der Wunder eine herrliche Aussicht auf die Umgebung.

Westlich von Antiochien sieht man den berühmten Musa Dagh, an dessen Zufahrt sich ein armenisches Dorf erhalten hat. Wie haben sich doch die Armenier über unseren Besuch gefreut!

Südlich der Stadt liegt der Hain von Daphne und ein wenig weiter südlich ein alawitisches Heiligtum. In ihm umschreiten Alawiten einen „Altar".

Ebenso besuchte ich den Sitz des Apostolischen Vikariats in Iskenderun und lernte Bischof Luigi Padovese kennen, der 2010 ermordet wurde. Tarsus, die Heimat des Apostels Paulus, und Edessa, das heutige Urfa, lagen öfters am Wege.

Mitten durch Antiochien fließt der von weither kommende und drei Länder durcheilende Orontes: Im Libanon hat er seinen Ursprung, in Hama/Syrien betreibt er die Wasserräder, bewässert die Felder, ändert seine Richtung und fließt in die Türkei. Vom Berg der Wunder sieht man seine letzte Wegstrecke und wie er seine Fracht, das Wasser, dem Mittelmeer abgibt.

Die vielen Besuche in Antiochien sind mir in lebhafter Erinnerung geblieben!

Am Berg der Wunder

Im alawitischen Heiligtum

Adiyaman – in der Nähe des Nemrud Dağ

Die gewaltigen Grabmonumente der Könige von Commagene am Nemrud Dag sind den Touristen wohlbekannt. Auch ich habe sie besucht und ebenso die benachbarte Stadt Adiyaman. Dass diese Stadt bis 1915 ein Brennpunkt des Christentums mit armenischen und syrisch-orthodoxen Christen war, habe ich damals aber nicht gewusst.

Der Mönch Melki Ürek wurde 2001 nach Adiyaman geschickt, um die dort verbliebenen Christen zu sammeln. Seit 2006 betreut er als Bischof Gregorius ca. 150 Familien, die weit verstreut in seiner großen Diözese wohnen. Ich war ihm vorher oft im Kloster Mor Gabriel begegnet; längere Zeit verbrachte er auch in Linz. Die enge Verbindung mit ihm war im Jahre 2007 Anlass für einen Besuch in Adiyaman.

Bischofskirche von Adiyaman   *Hauptaltar*

Dabei beeindruckte mich am meisten das einfache Leben in einem bescheidenen Haus, die Bemühungen in der Seelsorge in einem weiten Umkreis und die Treue der Christen zu ihrem Glauben in einer muslimischen Umgebung. Viele Bemühungen galten der Katechese der Kinder, die mit einem Auto von den verschiedenen Orten herangebracht werden mussten. Diese Aktivitäten zu unterstützen, war ein wichtiger Grund für den Besuch.

Ich besuchte auch die Stadt Kahta, Ausgangspunkt für die Fahrt auf den Nemrud Dag. In Katha gab es damals 35 christliche Familien. Man sagte mir, wäre in der Türkei Religionsfreiheit, gäbe es in der Stadt 350 christliche Familien. Eine Frauengruppe gründete eine Nähstube, fertigte Kleider an und flickte gebrauchte. Dieser Zusammenhalt war beeindruckend.

Frauen in der Nähstube in Kahta   *Metropolit Gregorius M. Ürek*

Kloster Mor Augin

Tur Abdin
Berg der Knechte Gottes

Mein erster Weg zu den Christen im Tur Abdin

Im Mai 1980 war ich zu Besuch im Österreichischen St. Georgs-Kolleg in Istanbul. Eine Gruppe junger Menschen aus München feierte an einem Sonntag nach Ostern die Messe mit. Sie erzählten anschließend ganz begeistert von der Osterfeier, die sie zuvor im Osten der Türkei erlebt hatten. Ich hatte damals noch kaum Kenntnisse von den christlichen Zentren in der Osttürkei. Aufgrund ihrer Schilderungen bin ich heute fest überzeugt, sie feierten Ostern im Kloster Mor Gabriel mit. Diese zufällige Begegnung wirkte in mir nach wie ein Magnet, der mich unwiderstehlich in die Osttürkei zog.

Für die erste Begegnung mit den Christen im Tur Abdin war die Einladung des Direktors des St. Georgs-Kollegs Franz Kangler im Jahre 1986 ausschlaggebend, mit den in seiner Schule angestellten Lehrerinnen und Lehrern in die Osttürkei zu fahren. Es war eine überaus interessante Reise, die ausgehend von Ankara über Sivas, Divigri, Malatya, Elazig (Harput), Diyarbakir, Batman zum Tur Abdin führte und über Adana wieder zurück nach Ankara. Wir besuchten im Tur Abdin Midyat, einige christliche Dörfer, das Kloster Mor Augin und Mardin mit dem Kloster Deyrulzafaran. Das Ziel dieser Fahrt waren vor allem alte seldschukische Sehenswürdigkeiten; der Tur Abdin wurde eher nur gestreift, weil ihn dieselbe Gruppe schon ein Jahr zuvor besucht hatte. Ich gewann dennoch einen ersten Eindruck. Es kam freilich nur nebenbei zu Begegnungen mit Christen. Ich erinnere mich noch gut an den Abt des Klosters Deyrulzafaran, Ibrahim Turker, der uns die schwierige Lage der Christen schilderte und die Auswanderung bedauerte, die seit dem Beginn der Kämpfe des türkischen Militärs mit der PKK (Arbeiterpartei Kurdistans) im Jahre 1984 eingesetzt hatte.

Diese erste Begegnung mit dem „Berg der Knechte Gottes" ließ mich dennoch nicht mehr los und wurde für mich zum entscheidenden Anstoß, auch in den beiden nächsten Jahren mit einigen Freunden die Osttürkei zu bereisen und damit jeweils einen kurzen Besuch des Tur Abdin zu verbinden.

Midyat: Ansicht vom Kloster Mor Abrohom

Von Erzerum zum Tur Abdin und nach Antiochien

Im Sommer 1987 organisierte ich eine kleine Gruppe, um den Tur Abdin kennen zu lernen. Wir flogen nach Erzerum, wo ein Minibus auf uns wartete. Das Tagesziel war Doğubayzit, eine Kleinstadt nahe der iranischen Grenze. Dort zeigte sich uns der wolkenlose Ararat in seiner grandiosen Gestalt. Wir besichtigten den auf einer markanten Anhöhe liegenden Ishak Pascha Palast und fuhren durch eine interessante Gegend zum Vansee, um auf dessen Insel Akdamar die im 10. Jahrhundert erbaute armenische Kirche zum Heiligen Kreuz zu besichtigen. Damals noch in keiner Weise renoviert, beeindruckte vor allem der reiche Skulpturenschmuck an den Außenwänden. Wir begegneten altem armenischem Kulturerbe!

Am Abend des nächsten Tages erreichten wir Midyat. Ich erinnere mich noch genau an unsere Ankunft: Wir erkundigten uns in einem Geschäft für Silberschmuck nach dem Weg zum Kloster Mor Gabriel. Man wies uns gerne den Weg. Aber da saß ein älterer Mann, der in seiner Hand eine muslimische Gebetsschnur bewegte. Das verunsicherte mich. Am nächsten Tag hatte im Kloster Mor Gabriel auch Erzbischof Timotheos Samuel Aktas eine ähnliche Gebetsschnur in seiner Hand. Da gab es keinen Zweifel mehr: Auch die Christen benützen gerne muslimische Gebetsschnüre, einfach so als Zeitvertreib. Wir wurden in Mor Gabriel herzlich aufgenommen.

In den nächsten paar Tagen gab es im Kloster viele interessante Informationen, aber in den Dörfern war man eher wortkarg. Die Bewohner hatten bereits genügend Sorgen: die Aktivitäten der PKK gegen das türkische Militär, die Auswanderung vieler Christen, die Frage nach der Zukunft, wahrscheinlich auch ein wenig Misstrauen diesen Touristen gegenüber. Wir besuchten noch das Kloster Deyrulzafaran und Mardin, fuhren über Urfa und Antiochien zum Flughafen nach Adana und traten den Heimflug an.

Eine interessante Reise in die Osttürkei, aber noch kein bewegender Eindruck von der aktuellen Lage der Christen im Tur Abdin!

Ararat (5137 m)

Vom Tur Abdin nach Kars, Ani und Trapzon

Eine dritte mehr oder weniger touristische Reise mit etwa derselben Gruppe im folgenden Jahr 1988 nahm ihren Anfang in Diyarbakir, wo uns Sami, mein verlässlicher Fahrer in den kommenden Jahren, abholte und nach Mardin brachte. Diese Stadt fasziniert immer wieder, ebenso das Kloster Deyrulzafaran. Wir verbrachten wieder einige Tage in Mor Gabriel, besuchten schon bekannte und noch unbekannte Dörfer. Midun und Bsorino, aber auch Harabale und das Kloster Mor Malke wurden bevorzugt. Es blieb bei Besuchen, ohne zu einer Hilfe angeregt und ermutigt zu werden. Die Christen des Tur Abdin schienen damals wie gelähmt zu sein, verängstigt von der Abwanderung und den zunehmenden Aktivitäten der PKK.

Uns zog es in diesem Jahr nach dem Norden mit dem Ziel Trapzon am Schwarzen Meer. Wieder faszinierte das tiefe Blau des Vansees. Wir machten einen Abstecher hinauf zum Nemrut Kratersee, wo der angeheuerte kurdische Fahrer die schlechte Straße als „Kurden-Asphalt" bezeichnete. Wieder bestaunten wir von Doğubayzit aus den mächtigen Ararat.

Wir erreichten mir bisher unbekanntes Land, fuhren westlich an den Abhängen des Ararat entlang über den Çilli Geçidi Pass (2110 m) und nahe der Grenze zur damaligen Armenischen Sozialistischen Sowjetrepublik (bis 1991) nach Kars. Wir befanden uns im armenischen und später im georgischen Stammland der Christen, dessen Erbe an vielen Kirchen- und Klosterruinen wir bestaunten. Wir sind in Gedanken bei den vor hundert Jahren hier lebenden Christen und bedauern, wie in der Osttürkei eine alte christliche Kultur im Sterben liegt.

Skulptur in der Kirche von Achtamar

In Kars mit seiner mächtigen Burg fehlt der Apostelkirche das Kreuz, sie steht aber so mächtig da, als ob sie auf kommende Christen warten würde. Sie wurde im 10. Jahrhundert erbaut und wird seit 1933 als Moschee verwendet.

Achtamar mit dem Vansee

Von Kars führte der Weg zum 40 km entfernten Ani am Grenzfluss Arpaçay. Erstmals war es 1988 erlaubt, ohne Polizeischutz die Weltkulturerbestadt zu betreten und zu fotografieren.

Ani war um das Jahr 1000 Hauptstadt des Königreiches Armenien. Es litt unter den Angriffen der Seldschuken und Mongolen und wurde 1319 durch ein Erdbeben zerstört. Von der alten Herrlichkeit sind, auf ein weites Areal verstreut, sehenswerte Ruinen der um 1000 erbauten Kathedrale (2) und anderer Kirchen (Gregorkirche 3) erhalten.

Südlich von Kars (Apostelkirche 1) ist man überwältigt von der Hochgebirgslandschaft. Manche Kirchenruine liegt weit abseits in den Bergen und ist nur auf schmalen steilen Straßen erreichbar. Wegen der bewundernswerten Ornamentik lohnt sich ein Besuch. Die Zeit erlaubte es nur, Dolishane, Theti (4 und 5), Yeni Rabat, Ösk, Ishan (6), Bana, das Sumelakloster und die Hagia Sophia in Trabzon (7) mit ihren herrlichen Fresken (8) zu besuchen und zu fotografieren.

1

2

3

4

5

6

7

8

Der entscheidende Besuch im Tur Abdin

Durch die bisherigen touristischen Besuche verschaffte ich mir einen ersten unvergesslichen Eindruck von der Osttürkei, wobei doch der Tur Abdin der Anlass der Reisen war und erste Beziehungen sich ergaben. Doch für eine Hilfsaktion waren die Informationen zu gering. Außerdem hatte ich ja mit meiner Lehrverpflichtung Arbeit genug!

Im Jahre 1989 lag die syrisch-orthodoxe Osterfeier eine Woche nach unserem Ostertermin. Daher war die Möglichkeit gegeben, in den Osterferien mit meinem Assistenten Ostern im Tur Abdin mitzufeiern, wovon die anfangs erwähnte Münchener Gruppe so geschwärmt hatte. Diese Osterfeier wurde auch für uns ein eindrucksvolles liturgisches Erlebnis! Ich durfte sie in den folgenden Jahren noch einige Male sowohl im Kloster Mor Gabriel wie in der Bischofskirche in Midyat mitfeiern. Ausführlicher soll später darauf eingegangen werden.

Viel entscheidender für die folgenden Jahre war der Besuch einiger Dörfer. Als Tourist bestaunt man Sehenswürdigkeiten, als Besucher begegnet man den Menschen viel näher und lernt ihre Lage kennen, und diese hat uns betroffen gemacht.

Die Jahre von 1989 bis 1993 war die schwerste Zeit, die der Tur Abdin bisher durchzustehen hatte: Der Kampf des türkischen Militärs gegen die PKK war auf seinem Höhepunkt und als Folge ebenso die Auswanderung. Die wirtschaftlich besser situierten Dörfer waren davon zuerst betroffen, denn man konnte sich die Auswanderung eher leisten. Die Christen hatten auch bereits genügend Bekannte in Europa und anderswo, so dass man der Versuchung zur Auswanderung leichter nachgab. Wir bekamen die existenzielle Not zu spüren, in der sich die Christen im Tur Abdin befanden. Es ereigneten sich Überfälle auf christliche Dörfer, es geschahen Morde an Christen. In den größeren christlichen Dörfern (u. a. Hah, Bsorino, Midun, Harabale) waren stark besetzte Militärstationen, die zwar gegen die PKK errichtet wurden, aber auch den Christen manche Sicherheit boten.

Besonders beeindruckte uns der damalige Bürgermeister von Midun, Aziz Üstün, der genügend Deutsch konnte, um uns die Ängste und Hilflosigkeit der Christen zu schildern: „Man hat uns vergessen! Niemand besucht uns, niemand hilft uns, alle verlassen uns!" Es schien klar zu sein: In kurzer Zeit wird der Tur Abdin von Christen verlassen sein. „There is no hope", hörten wir wiederholt von Erzbischof Timotheos Samuel Aktas im Kloster Mor Gabriel. Tatsächlich gab es ernste Bestrebungen, alle Christen aus dem Tur Abdin nach Europa auszusiedeln.

Kloster Mor Gabriel

Was macht den Tur Abdin interessant?

Der Tur Abdin ist ein hügeliges Hochland im Südosten der Türkei auf knapp 1000 m Seehöhe mit Mardin als Hauptstadt der gleichnamigen Provinz und der Bezirksstadt Midyat. Er befindet sich nur wenige Kilometer nördlich der Grenze zu Syrien und ca. eine Fahrstunde vom Irak entfernt.

Die Geschichte des Tur Abdin reicht zurück bis zu den Assyrern, die ihn nach dem Jahr 1000 v. Chr. eroberten. An der Zeitenwende war er zu einem großen Teil von den Römern besetzt und damit Grenzregion zum Perserreich. Der christliche Glaube wurde im Tur Abdin im 4./5. Jahrhundert durch Mönche verbreitet, weshalb heute noch enge Beziehungen zwischen den Dörfern und den Klöstern bestehen. Wegen der vielen Mönche in den zahlreichen Klöstern, die einstens bestanden haben, wurde der Name „Berg der Knechte (Gottes)" auf diese bezogen. Er gilt als der „Heilige Berg" der syrischen Christenheit.

Während des Ersten Weltkrieges durchlitten die Christen des Tur Abdin, die Armenier, aber auch die syrischen Christen, den Genozid der Jungtürken im Osmanischen Reich. Sie wurden grausam ermordet, von ihren Dörfern vertrieben und versklavt und konnten sich nur in Inwardo (Aynwardo) gegen eine türkisch-kurdische Übermacht verteidigen. Auch das Kloster Mor Gabriel war lange Zeit von den Mönchen verlassen und von Kurden bewohnt. Dennoch erholte sich der Tur Abdin nach dem Ersten Weltkrieg unglaublich schnell, und die Zahl der Christen wuchs rasch an. Während aber vor dem Genozid auch in der Umgebung des Tur Abdin Christen verschiedener Konfessionen wohnten, wurde der Tur Abdin nun zu einer Insel inmitten einer kurdischen Umgebung, in der nur mehr die syrisch-orthodoxen Christen eine kirchliche Organisation mit einem Erzbischof im Kloster Mor Gabriel hatten, während von der syrisch-katholischen, der armenisch-katholischen, chaldäischen und protestantischen Kirche nur unbedeutende Reste ohne kirchliche Struktur verblieben.

Im Jahre 1964 begann die Anwerbung von Arbeitern durch ein deutsches und ein schwedisches Werbebüro. Zunächst war deren Aufenthalt in Europa nur für kurze Zeit gedacht, die Arbeiter zogen aber ihre Familien nach. Durch die Sogwirkung der in Europa benötigten Arbeiter wanderten zuerst die aktiveren und fähigeren Bewohner der Dörfer aus. So hat vor allem die Wirtschaft Deutschlands und Schwedens dem Tur Abdin einen weiteren Dolchstoß versetzt.

Als 1984 der Kampf der PKK gegen das türkische Militär begann, wurde dieser Trend verschärft. Viele Dörfer wurden in die Kämpfe hineingezogen, so dass viele Christen keinen anderen Ausweg sahen, als ihre Heimat zu verlassen.

Das war die Lage, in der ich den Tur Abdin vorfand: verlassene Dörfer, Angst vor Konflikten, Wehrlosigkeit, Unsicherheit, keine Zukunftschancen. Ich lernte nur diesen schwer verwundeten Tur Abdin kennen.

Ehemaliger Wachturm auf dem Weg zum Kloster Mor Gabriel

Kartmin – Weg zu den Ursprüngen

An einem Nachmittag – mir war nach einigen Jahren der Tur Abdin bereits bestens bekannt – ging ich allein in das Dorf Kartmin, das eine Viertelstunde vom Kloster Mor Gabriel entfernt ist. Ich suchte zuerst die Quelle in der Nähe des Dorfes auf, wo sich im 4. Jahrhundert in einer Höhle Samuel und sein Schüler Simeon, die Gründer von Mor Gabriel, niedergelassen hatten. Sie waren vor der Verfolgung der Perser geflüchtet, die ihren Bischof Karpos ermordet hatten. Einige Frauen holten Wasser an der Quelle, die einen kleinen Teich speist. Dann ging ich weiter nach Kartmin, das an der Hauptstraße Midyat-Cizre liegt und seit langer Zeit von arabischen Einwanderern bewohnt wird. Ich begegnete einigen Dorfbewohnern und wurde freundlich begrüßt. Wir konnten uns zwar nicht verständigen, aber ich wurde zur uralten Kirche geführt, die dem Märtyrerbischof Karpos geweiht ist. Sie ist in schlechtem Zustand und wird landwirtschaftlich genutzt. Das Kloster Mor Gabriel wurde früher allgemein als „Kloster von Kartmin" bezeichnet. Der Besuch von Kartmin war für mich ein eindrucksvolles Erlebnis!

Samuel und Simeon zogen sich später zu den Bögen von Mor Gabriel zurück und erhielten, so wird berichtet, von einem Engel die Weisung, das Kloster Mor Gabriel an der heutigen Stelle zu errichten.

Die Quelle von Kartmin

Die Kirche des hl. Karpos

Kartmin von der Quelle aus gesehen

Kloster Mor Gabriel – Sitz des Metropoliten

Seit langer Zeit leiten die Bischöfe der Syrisch-orthodoxen Kirche (offensichtlich wegen der größeren Sicherheit) ihre Diözesen von Klöstern aus. So wohnt auch der Metropolit von Midyat, Mor Timotheos Samuel Aktas, im Kloster Mor Gabriel, das damit zum organisatorischen und pastoralen Zentrum der Christen des Tur Abdin wurde. Metropolit Timotheos wurde im Jahre 1985 zum Erzbischof der Diözese Tur Abdin geweiht; ein Jahr zuvor wurde die PKK gegründet. So hat er in einer überaus schweren Zeit den bischöflichen Dienst übernommen. Er pflegte nach Möglichkeit gute Beziehungen zu den zivilen und militärischen Behörden, er hatte wiederholt Dorfwächter aus den Nachbardörfern zu Besuch in seinem Kloster und mied Kontakte mit der PKK. Er musste aber zur Kenntnis nehmen, dass die Mehrheit der Christen den Tur Abdin verließ. Was sich aber hinter diesen paar Sätzen an Sorgen, Schwierigkeiten und Mut verbirgt, lässt sich nicht beschreiben. Täglich fuhr er zu seinem offiziellen Diözesansitz nach Midyat, um dort den Christen die Möglichkeit zur Begegnung zu geben, bis es für ihn zu gefährlich wurde. Sein großes Verdienst ist es, in dieser Zeit wie ein Fels in der Brandung durchgehalten zu haben. Dass sein Gesicht manchmal sorgenvoll aussah, ist nicht verwunderlich.

Schon in dieser Zeit, vor allem als es Mitte der 90er Jahre friedlicher geworden war, renovierte er das Kloster und baute es aus. Die wichtigsten Erneuerungen waren u. a. die Renovierung der Kirche aus dem Jahr 512, der Marienkirche und der Begräbnisstätte, der Bau des neuen Konvikts für die Schüler und des Gästehauses, die Erweiterung der Gärten um das Kloster und ein neuer Brunnen. Damit hat er das Kloster von Grund auf erneuert und den Erfordernissen der Zeit angepasst, dabei freilich auch manches gewohnte Aussehen verändert.

Im Kloster Mor Gabriel lebten in den 90er Jahren zwei Mönche: Der schweigsame Mönch Toma, der die Liturgie sehr innerlich feierte, und der Mönch Saliba, der für die Schüler zuständig war.

Schon seit langer Zeit wohnte Melfono Isa Gülten mit seiner Frau Elisabeth und ihren Kindern im Kloster. Er war lange Zeit dem Staat gegenüber für das Kloster verantwortlich und hat die Sorgen der schwierigen Zeit mitgetragen. Wegen seiner Verdienste wurde er später mit dem Titel Erzdiakon geehrt. Er war auch für mich der Ansprechpartner, der kompetent und zuvorkommend für alle Probleme nach einer Lösung suchte. Ebenso lebten zwei junge Familien im Kloster.

Die Schwestern wohnten in einem eigenen Trakt, in dem sich auch die Küche und die Wirtschaftsräume befanden. Sie waren die guten Geister, die kochten, putzten und beteten und auch für die Kühe zuständig waren. Gerne unterhielt ich mich mit ihnen, wobei sie über das kirchliche Leben in Europa und das Leben in den dortigen Klöstern informiert werden wollten.

Die Atmosphäre im Kloster prägten weithin die 30-40 Studenten, die zeitig in der Früh die Liturgie mitgestalteten, täglich zur Schule nach Midyat fuhren und in die alten Klostermauern junges Leben brachten.

Metropolit Mor Timotheos Samuel Aktas

Vielfältiges Leben im Kloster Mor Gabriel

Während meiner vielen Besuche im Tur Abdin, allein oder mit Freunden, fühlte ich mich im Kloster Mor Gabriel wie in einem sicheren Hafen. Metropolit, Klostergemeinschaft und Gäste feierten gemeinsam Liturgie und speisten gemeinsam. Ich hatte enge Kontakte mit den Familien und der Schwesterngemeinschaft. Daher war ich im Kloster nicht wie ein Fremder, sondern fühlte mich in der von Problemen gepeinigten Umgebung geborgen.

Altes illuminiertes Buch

Soldatenbesuch im Kloster

Dorfwächter zu Besuch

Beim Backen der Hostien

Kuss des Eingangs zum Altar

Gesegnetes Brot

Die Schwestern beim Kochen

Studenten bei den Bögen von Mor Gabriel

Freunde des Tur Abdin

Die hoffnungslose Situation, die wir bei unserem Besuch nach Ostern im Jahre 1989 erlebt hatten, machte uns sehr betroffen. Als Reaktion auf die erlebte Realität sagten wir: „Das darf doch nicht passieren, dass der Tur Abdin christenleer wird!" Was sollen wir tun? Wir blieben in Kontakt mit Melfono Isa Gülten, wir erfuhren aus den Medien von den Morden an Christen, in unserer Erinnerung wirkte die anklagende Frage des Metropoliten nach: „Warum treten die europäischen Bischöfe nur für Asyl ein, aber keiner fragt, wie es mir hier geht?" Ebenso hatten wir die verzweifelten Worte des Bürgermeisters von Midun nicht vergessen.

So traf ich mich mit Freunden, die mit mir in den zwei Jahren zuvor die Osttürkei besucht hatten, und anderen Interessierten am 28. September 1989 zur ersten Sitzung, und wir gründeten die *Freunde des Tur Abdin*. Bereits diese erste Zusammenkunft war für die weiteren Jahre richtungweisend. Es wurde beschlossen:
– die Kontakte mit dem Kloster Mor Gabriel fortzuführen und konkrete Projekte zu entwickeln;
– eine Gruppe zu bilden unter dem Namen *Freunde des Tur Abdin* mit dem Ziel einer Vereinsgründung;
– den Tur Abdin bekannt zu machen durch Zeitschriftenbeiträge und eine Broschüre und dabei zur Unterstützung einzuladen;
– Weihbischof Florian Kuntner/Wien als zuständigen Referatsbischof der Österreichischen Bischofskonferenz zu einem Besuch des Tur Abdin einzuladen.

Ebenso legten wir bereits für November 1989 einen Vortrag in Linz über den Tur Abdin fest, und für Weihnachten sollten vier Kunstkarten gedruckt werden, um sie an möglichst viele Personen zu verschicken.

Wir hatten vor, uns zunächst als private Gruppe für die Christen im Tur Abdin zu engagieren, aber doch ganz und gar im Sinne der Kirche zu arbeiten. Um ein Feedback zu haben, war mir eine Gruppe ein persönliches Anliegen. Einige Zeit später fragte ich meinen Bischof Maximilian Aichern, ob ich die Arbeit für den Tur Abdin fortsetzen soll. Seine Antwort: „Wer soll's denn sonst machen?"

Midun vom Wasserturm aus (ca. 1997)

Die Klöster – Zentren des christlichen Lebens

Im Gegensatz zu Ägypten, wo die Mönche sich in die Wüste zurückzogen, sind die Klöster im Tur Abdin den Dörfern zugeordnet. Diese Tatsache verweist auf den eigenständigen Ursprung. Von den einst ca. 80 Klöstern sind die meisten Ruinen, an die zehn sind heute bewohnt.

Im Kloster Mor Abrohom mit dem christlichen Friedhof von Midyat wird am Ostermontag das österliche Totengedenken gehalten, das mit einer Eucharistiefeier eröffnet wird. Anschließend geht der Metropolit mit Weihrauch durch die Reihen der Gräber, an denen die Angehörigen verweilen. Doch sie teilen Kuchen aus und gefärbte Eier zum fröhlichen Eierpecken. Ein ungewohntes Bild auf dem Friedhof, das an das urchristliche Totenmahl, aber ebenso an die Freude von Ostern erinnert.

In Mor Yakob in Salah liebte ich die wunderbare Kirche und saß mit Mönchen und Besuchern gerne unter den alten Steinbögen hinter dem Kloster „im schönsten Teehaus der Welt" (Weihbischof Florian Kuntner). Der in neuerer Zeit zur alten Kirche hinzugefügte Turm macht zwar auf das Kloster aufmerksam, hat es aber nicht verschönert!

In Mor Malke beeindruckten mich bei jedem Besuch das einfache Leben und die fromme Atmosphäre. Das Kloster lag zwischen der Militärstation im benachbarten Dorf Harabale und der PKK in den Izlobergen und durfte weder Militär noch PKK bevorzugen. Bei einem der letzten Besuche gestand mir Abt Jeshu, er habe mir früher nie getraut, ob ich in rechter Absicht den Tur Abdin besuche. Er vermutete eine Abwerbung der Gläubigen. Jetzt aber traue er mir. Zum Beweis erklärte er, in seinem Zimmer hänge ein Bild seines Patriarchen und eines des römischen Papstes.

Zum ältesten Kloster Mor Augin stieg ich wegen der herrlichen Lage am südlichen Abhang der Izloberge öfters hinauf. Die gut erhaltenen Gebäude standen freilich leer, aber sie warteten nicht vergeblich auf ein neues klösterliches Leben; seit April 2010 ist es wieder bewohnt.

Oberhalb von Badibe in den Izlobergen wurde das Kloster Mor Yakub d'Karno in jüngster Zeit renoviert und neu besiedelt, bei Kafro Elayto das Kloster Mor Aho.

Weitere Klosterkirchen (u. a. in Hah, Dayro da Slibo, Sare) werden seelsorglich genutzt.

Bögen von Mor Yakub (1992)

Deyrulzafaran – das gelbe Kloster des heiligen Ananias

Safran ist eines der teuersten Gewürze aus dem Orient und bewirkt eine goldgelbe Farbe bei Speisen und Kuchen. Innerhalb der mächtigen gelben Klostermauern, die Ende des 19. Jahrhunderts ihre heutige Gestalt erhielten, war durch viele Jahrhunderte bis 1932 der Sitz des syrisch-orthodoxen Patriarchen, der heute in Damaskus lebt. Innerhalb dieser Mauern befindet sich das kostbare Erbe aus dem 6. Jahrhundert: Hauptkirche, Marienkirche, Beth Qadishe („Haus der Heiligen" = Begräbnisstätte).

Filoxinos Saliba Özmen, zuvor Mönch im Kloster Mor Gabriel, ist seit 2002 Abt des Klosters und seit 2003 Erzbischof der Diözese Mardin-Diyarbakir.

Erzbischof Filoxinos Saliba Özmen

Deyrulzafaran wird von vielen Touristen besucht. So war es auch für mich bei jedem Aufenthalt im Tur Abdin Herberge und Ort der Begegnung, wo ich herzlich aufgenommen wurde, die Liturgie feierte und mit dem Erzbischof und Gästen enge Kontakte hatte.

Schüler, die in Mardin die Schule besuchen, beleben das Kloster und gestalten die Liturgie. Gäste sitzen im Sommer gerne im geräumigen Innenhof beisammen, wo Wasser aus den Bergen plätschert und aus einem Brunnen Wasser gepumpt werden kann. So ist es hier auch an heißen Sommertagen kühl.

Ein besonderes Erlebnis ist der Aufstieg in die Izloberge, wo viele Ruinen von Kirchen, Räumen und Einsiedeleien von einem einst blühenden Klosterleben zeugen. Der Aufstieg wird durch einen herrlichen Blick auf das Kloster Deyrulzafaran und die Tiefebene belohnt. Unzählige wunderbare Fotomotive!

Das Kloster vom Brunnenhaus aus

Ein alter Baum im Garten von Deyrulzafaran. Er gleicht dem Tur Abdin: uralt, von Stürmen gezeichnet, aber die Frühlingssonne bringt ihn zum Blühen!

Besuche in den Städten und Dörfern

Bei den vielen Besuchen im Tur Abdin war nie beabsichtigt, nur aus religiösen oder schon gar nicht aus touristischen Gründen in diese mit erheblichen Auseinandersetzungen zwischen türkischem Militär und PKK belastete Region zu reisen. Wenn nicht das Kloster Mor Gabriel der *sichere Hafen* und der Respekt der Behörden und des Militärs vor Metropolit Mor Timotheos S. Aktas gewesen wären, hätte man die Besuche in den Dörfern nicht wagen können. Jedenfalls stellte man in den späteren ruhigeren Zeiten fest: „Jetzt kommen viele auf Besuch, aber Father Hans kam in der gefährlichen Zeit". Manches Leid habe ich mitzutragen versucht, mancher Not abgeholfen. Es war für mich und die *Freunde des Tur Abdin* keineswegs ein Vergnügen, vielmehr drängte uns die Verantwortung aus dem Glauben, unseren Schwestern und Brüdern zu helfen. Selbstverständlich war dabei Geld für die Projekte im Spiel, aber öfters hörte ich: „Wir brauchen nicht euer Geld, aber kommt!" In diesen Bedrängnissen war Solidarität gefragt.

Ich bin keineswegs ein mutiger Mensch, aber Angst hatte ich nie. Sicherlich begleitete mich immer jemand vom Kloster Mor Gabriel, schon allein wegen der Verständigung mit den Christen. Sami war mein verlässlicher und allseits beliebter Fahrer. Er hatte ein Gespür, welche Straße man befahren konnte und welche zu meiden war. Die Schotterstraßen waren wegen der womöglich vergrabenen Sprengsätze gefährlich, und manches Fahrzeug flog in die Luft. Ich möchte Sami an dieser Stelle herzlich danken!

In den Dörfern ging ich zum Bürgermeister oder zum Pfarrer. Bald fanden sich andere Männer ein. Frauen waren an den Gesprächen weniger beteiligt; sie blieben meist in der Küche unter sich. In einigen Dörfern aber war eine Freundschaft mit Familien entstanden, die sich über einen Besuch freuten. Man erlebte dabei die orientalische Gastfreundschaft! Überaus ungewohnt war es, auf Polstern am Boden zu sitzen. Wohin mit den Füßen? Nicht selten bot man mir einen Stuhl an, für den ich dankbar war.

Es ist nicht möglich, auf alle Dörfer einzugehen. Dies ist in meinem Bildband „Lebendiges Kulturerbe Tur Abdin" geschehen. Hier will ich nur die beiden Städte und einige Dörfer erwähnen.

Weltkulturerbestadt Mardin vom Osten

Mardin – die Weltkulturerbe- und Festungsstadt

Die Provinzhauptstadt Mardin ist geprägt von der Festungsanlage am Berggipfel, an dessen Abhang die Stadt liegt, und von den Minaretten der Moscheen. Die acht Kirchen mit ihren bescheidenen Türmen verstecken sich zwischen den Häusern. Nur zwei befahrbare Straßen führen durch die Altstadt. In den engen Nebengassen kann man Esel als Lastenträger sehen. Aber man sagt, von jedem am Abhang gelegenen Haus hat man einen Ausblick auf die Mesopotamische Tiefebene und sieht in der Nacht die Lichter der Häuser auf syrischem Boden.

In Mardin herrscht eine eigene Atmosphäre, denn die Stadt spricht mehrheitlich Arabisch und wurde kaum in die Auseinandersetzungen des türkischen Militärs mit der PKK hineingezogen. Die Christen haben in der Stadtverwaltung manche Stellung inne, wie es anderswo in der Türkei nicht üblich ist. Ich besuchte öfters eine christliche Familie. Ich fragte den Familienvater, ob er denn als christlicher Angestellter der Stadtverwaltung in seiner Abteilung Schwierigkeiten habe? Seine Antwort: „Ich bin ja der Chef!"

Die syrisch-orthodoxe Kirche, die den Vierzig Märtyrern von Sebaste geweiht ist, hat eine kostbare Ausstattung; in ihr feierte auch der Patriarch von Deyrulzafaran die Liturgie. Reich verzierte Altäre, kostbare Kreuze, ein alter Vorhang und viele Bilder verweisen auf Wohlstand.

Das Museum der Stadt war bis 1920 Sitz des syrisch-katholischen Patriarchen, der seither in Beirut residiert. In Mardin lebte auch der armenisch-katholische Erzbischof Ignatius Maloyan, der mit den armenischen und anderen Christen am 11. Juni 1915 in der Nähe von Mardin ermordet wurde. 2001 wurde er als Märtyrer seliggesprochen.

Die wenigen Christen verschiedener Konfessionen werden vom syrisch-orthodoxen Pfarrer Gabriel Akyüz mitbetreut. Bei ihm war ich jederzeit herzlich willkommen und genoss seine Gastfreundschaft. Er wohnt mit seiner großen Familie in den Räumen, die einst für den Patriarchen reserviert waren. Er führte auch ein kleines Internat mit Schülern aus den Dörfern des Tur Abdin. In seinem Haus konnte ich manches alte illuminierte Buch bewundern.

Eine Frau aus Mardin organisierte für die *Freunde des Tur Abdin* feine geknüpfte Handarbeiten, die wir daheim zum Verkauf anboten und damit auch viele Frauen von Mardin ein wenig unterstützten.

Bei einem Besuch wurde ich Zeuge einer Verlobungsfeier. Sie besteht aus Gebeten und der Segnung von Broten. Die Zeremonie hat ihren Höhepunkt in der Teilung eines Brotes zwischen einem Angehörigen des Bräutigams und einem Angehörigen der Braut. Man freut sich, wenn man dabei das größere Stück Brot gewinnt.

Es war immer eine Freude, in Mardin zu sein. Seit die Stadt einen eigenen Flughafen hat, wird sie von Istanbul direkt angeflogen und ist somit leicht zu erreichen.

Pfarrer Gabriel zeigt ein altes Buch   *Brotbrechen bei der Verlobung*

Midyat – Zentrum des Tur Abdin

Midyat mit mehr als 100.000 Einwohnern heute war vor 1915 eine mehrheitlich christliche Stadt, wovon die vielen Kirchen zeugen. Sie ist Sitz des Erzbischofs der Diözese Tur Abdin mit Mart Shmuni als die offizielle Bischofskirche. Deshalb feiert der Metropolit die hohen Feiertage in dieser Kirche. Seine bescheidene Residenz nebenan ist anschließend Treffpunkt führender Christen und der Vertreter staatlicher Behörden, die sich anlässlich eines Feiertages dort einfinden und gratulieren. Umgekehrt besucht auch der Erzbischof an hohen muslimischen Feiertagen die staatlichen Autoritäten. Ich habe Ostern öfters in Mart Shmuni mitgefeiert und darüber in meinem Buch „Baum des Lebens" von der Feier des Karfreitags berichtet. Damit kam ich mit vielen Christen in Kontakt und wurde in manche Familie eingeladen.

Der zentrale Platz in Midyat wird von den vielen Silberschmieden belebt, von denen manche in den Dörfern wohnen und hier nur ihre Werkstatt und ihr Geschäft haben. Durch einige Jahre hindurch kauften wir kleine Silbergegenstände in größeren Mengen ein und boten sie daheim an. Dadurch entstanden enge Beziehungen zu einigen Werkstätten, in denen man gern gesehen war und angebotenen Tee trank. Wir halfen ihnen in der Zeit, als sich wenig Besucher aus dem Westen in den Tur Abdin wagten. Ihre Erzeugnisse brachten für die *Freunde des Tur Abdin* einen Erlös.

Bei einem Besuch bestieg ich das Minarett der Moschee, die sich unmittelbar gegenüber dem Hauptplatz befindet. Ich wollte das Minarett für gute Fotos von Midyat nützen, gab einen Bakschisch und stieg die enge Treppe hinauf. Es hat sich reichlich gelohnt!

Durch Midyat führt die Straße Mardin-Batman, und auch die Straßen nach Cizre und Harabale/Izloberge nehmen hier ihren Anfang. Deshalb fuhr man oft durch diese Stadt als dem zentralen Ort des Tur Abdin.

Wohnung einer christlichen Familie   *Silberschmied bei der Arbeit*

Midun – das größte Dorf im Tur Abdin

Midun war mit etwa 50 Familien auch in den schwierigen Jahren das größte Dorf im Tur Abdin. Es liegt Richtung Osten an der Straße nach Cizre, wo das Hügelland in eine Ebene übergeht, und ist von fruchtbaren Feldern und Weingärten umgeben. Midun wurde bei jedem Aufenthalt besucht und war damit mit den *Freunden des Tur Abdin* eng verbunden. Bürgermeister Aziz Üstün, Pfarrer Melki Tok und Melfono Lahdo Barinc sorgten sich um die Familien, besonders um die Jugend, und hatten gute Beziehungen zur Militärstation. Unter diesen Voraussetzungen konnten wir tatkräftig helfen.

Unter anderem wurde für die Jugend der Sportplatz eingezäunt, um die Schafe davon fernzuhalten. Das Trinkwasser wurde vom Wasserturm zu den Häusern geleitet und der Bau eines Kanals zur Ableitung des Wassers unterstützt. Um die Lage zu kennen, war Klaus Strassner einen ganzen Monat im Dorf, so dass mit Zustimmung des Metropoliten ein Mähdrescher angeschafft werden konnte. Es war gedacht, dass er zuerst in Gündükshükrü und Marbobo eingesetzt wird, weil dort die Ernte früher stattfindet, dann im Dorf und in den muslimischen Nachbardörfern. Doch die Muslime sagten, wenn der Mähdrescher bei ihnen arbeite, würde ein Sprengsatz in ihren Feldern liegen. Weil es noch andere unvorhergesehene Schwierigkeiten gab, wurde der Mähdrescher nach einigen Jahren nach Gündükshükrü weitergegeben.

In den folgenden Jahren wurden die Kirche und das Pfarrzentrum gründlich renoviert; am Rand des Dorfes entstanden neue Häuser, deren Mauern sehr geschmackvoll gestaltet sind, abwechselnd zwischen einheimischem hellem Kalkstein und schwarzem Basalt.

Erhebliche Schwierigkeiten ergaben sich durch die Entführung von Melfono Lahdo Barinc, der sieben Monate in den Händen der Entführer war, die Entführung von Pfarrer Melki Tok, der sich selbst befreien konnte, und der Überfall der PKK auf die Militärstation, die über das Dorf angegriffen wurde.

Besonders verbunden war ich mit der Familie des Melfono, an deren Gastfreundschaft ich mit Dankbarkeit denke! Gerne würde ich Midun nochmals besuchen!

Die Fußballmannschaft von Midun mit Bürgermeister Aziz Üstün

Bsorino und Sare

Bevor man von Midyat aus Midun erreicht, liegt links von der Straße auf einer Anhöhe Bsorino und rechts unmittelbar neben der Straße das kleine Dorf Sare. Diese beiden benachbarten Dörfer gehören zusammen und hatten in den schwierigen Jahren doch ein recht verschiedenes Schicksal.

Bsorino besticht durch seine wunderbare Lage. Man sagt, es gibt 25 Familien und 25 Kirchen. Steil steigt man hinauf zur Kirche des hl. Dodo, vor der ein großer, von einer Mauer umgebener Hof liegt mit einem kostbaren Beth Slutho (Sommerkirche). Bsorino ist geschichtlich bedeutsam, weil Bischöfe, Gelehrte und Dichter hier beheimatet waren. Die Christen wurden von Pfarrer Tok von Midun betreut, doch 2005 kehrte Melfono Saliba Erden aus der Schweiz zurück und wurde Pfarrer in seinem Heimatdorf.

Bürgermeister Şemun Demircan

Der erste Weg führte immer zum Bürgermeister Şemun Demircan, dessen Haus beim Eingang des Dorfes lag. Er sagte einmal poetisch: „Wenn Fr. Hans in Diyarbakir aus dem Flugzeug steigt, dann hüpfen alle Kinder des Tur Abdin". Tatsächlich besorgte ich bei jedem Besuch genügend Zuckerl und verteilte sie an die Kinder. Wo gibt es Kinder, die sich nicht über Zuckerl freuen?

In Bsorino standen durch die Abwanderung viele Häuser leer. Die verbliebenen Familien lebten von der Landwirtschaft und hielten unter dem Bürgermeister zusammen. Als dieser seinen Dienst aufgab, wurde Şemun Güzel, ein junger Mann, zum Bürgermeister gewählt.

Sare ist ein kleines Dorf mit einer alten Klosterkirche. Als ich das Dorf in den ersten Jahren besuchte, waren noch einige christliche Familien im Dorf. Dann übernahmen die Dorfwächter Sare und bauten eine kleine Moschee. Sie wurden später von staatlicher Seite aufgefordert, das Dorf zu verlassen. Daraufhin kehrten einige christliche Familien wieder in das Dorf zurück. Bei meinem letzten Besuch wurde der alten Kirche ein neuer Turm hinzugefügt. Zu intensiveren Kontakten mit den Bewohnern ist es aber nie gekommen.

Eine Kinderschar aus Bsorino

Oma mit Kindern

Kfarze

Kfarze war das erste Dorf im Tur Abdin, das ich im Jahre 1986 mit dem St. Georgs-Kolleg besuchte. Schon am Eingang des Dorfes begegneten uns viele Menschen, an die ich mich noch gut erinnere. Später traf ich sie nicht mehr – sie waren ausgewandert. Wir gingen durch das Dorf zur Kirche hinauf, die wegen ihrer beherrschenden Lage beeindruckt. Damals begrüßte unsere Gruppe ein alter Mann, der mit Krücken ging. Es war Circo Keskin, der 63 Jahre Bürgermeister von Kfarze war. 1991 wurde er nach Ankara gerufen und als dienstältester Bürgermeister der Türkei ausgezeichnet.

Der Bürgermeister beim Interview mit Melfono Isa Gülten

Ich begegnete ihm in den späteren Jahren noch einige Male. Sein Haus war nahe dem Platz, der allgemein als römischer Friedhof galt. War in Kfarze eine römische Garnison an der Grenze zum damaligen Perserreich? Für unsere Zeitschrift „Stimme des Tur Abdin" gab er 1996 ein Interview, in dem er als über Hundertjähriger unglaublich viele Details von der guten Zeit in Kfarze vor 1914, von den Massakern dieses Jahres, vor denen er nach Inwardo geflüchtet war, und von den Zeiten als Bürgermeister berichtete. Die Abwanderung bezeichnete er als „Straße ohne Wiederkehr".

Ebenso bat ich ihn um ein Wort für die Ausgewanderten in der Diaspora: „Was kann ich sagen? Wir erhalten keine Grüße von ihnen, der Großteil hat uns vergessen. Sie fragen nicht einmal, wie es uns geht. Als ich Muhtar (Bürgermeister) war und sie mich brauchten, meldeten sie sich. Jetzt, da sie die Bequemlichkeiten dort genießen, schätze ich, dass niemand mehr zurückkehrt in dieses Land". Ohne Optimismus für den Tur Abdin starb er im Jänner 2000 im Alter von 110 Jahren. Ehre seiner Treue zur Heimat!

Frau von Kfarze beim Gebet in der Kirche

Am römischen Friedhof

Bekusyone – das Dorf mit den vielen Kindern

Dieses Dorf liegt in einem Tal, das man über Hah erreicht. Es ist das Heimatdorf von Erzbischof Timotheos. Pfarrer Gabriel Aktas bemühte sich um die damals 15 Familien, und Melfono Lahdo Acar, seit Februar 1996 Diakon, betreute die vielen Kinder, die in Hah zur Schule gehen, in religiöser Hinsicht. Ich war oft und gerne in Bekusyone und freue mich über die vielen Kinderfotos. Die *Freunde des Tur Abdin* leiteten vom 170 m tiefen Brunnen das Wasser zu den Häusern, womit vor allem den Frauen geholfen wurde. Ebenso wurde ein Garten für Gemüse angelegt, so dass sich das Bild des Dorfes und das Leben der Menschen veränderten.

Bei einem Besuch bemerkte ich auf einem steinernen Pult vor der Kirche eine Menge rotweißer Wollfäden. Man erklärte mir: Am Fest Maria Verkündigung hängen sich Mädchen und Buben diese zweifarbigen Fäden um den Hals, geben sie am Ostermontag wieder weg und legen sie auf dieses Steinpult. Die aus roter und weißer Wolle zusammengedrehten Fäden bedeuten die Gottheit und die Menschheit Jesu. Der wahre Glaube einfach nahegebracht!
Wenn diese vielen Kinder eine gute Ausbildung bekämen, bräuchte uns um die Zukunft des Tur Abdin nicht bang sein!

Schlagen des Nekusho   *Drei Buben*   *Rot-weißer Wollfaden*

Melfono Lahdo Acar mit den Kindern des Dorfes vor der Kirche

Kelith, Hah, Deyro Daslibo

Diese drei Dörfer, die nicht unmittelbar benachbart sind, haben eines gemeinsam: Ihre Bürgermeister starben eines gewaltsamen Todes.

Kelith liegt in einem Tal umgeben von Bergen an der alten Straße nach Mardin. Ein Besuch war immer erfrischend: ein kühles Klima, Obst- und Weinkulturen, Wald, ein Bächlein, das durch das Dorf fließt. „Jeden Tag fuhr im Sommer ein Lastwagen mit Gemüse und Obst in eine der Städte", erzählte mir ein gebürtiger Mann aus Kelith. Die begüterten Dörfer wurden allerdings von der Abwanderung zuerst betroffen. Oft saß ich bei Circis Yüksel in seiner Weinkellerei, und trank mit ihm einen frischen Tropfen Wein aus den Fässern. Er hat davon geträumt, Kelith wegen des kühlen Klimas touristisch zu erschließen. Doch seine Kontakte zur türkischen Regierung wurden ihm zum Verhängnis: Die PKK hielt vor dem Dorf sein Auto an und ermordete ihn auf brutale Weise am 19. September 1992.

Die Christen in Hah, dem ersten Bischofssitz des Tur Abdin, widerstanden weithin der Auswanderung. Im Dorf war eine Militärstation, wodurch eine gewisse Sicherheit gegeben war. Der Bürgermeister Hanna Aydin wohnte in der Burg von Hah und hatte einen bescheidenen Laden gegenüber der Marienkirche, wo auch das Militär einkaufte. Mit Hilfe eines Dolmetschers plauderte ich öfters mit ihm. Am 29. November 1993 fuhr er mit seinem Auto auf dem Weg zu seinem Dorf auf einen Sprengsatz auf, der eher dem Militär gegolten hätte. Er starb an Ort und Stelle.

Abseits der Straße nach Kfarburan liegt auf einer Anhöhe inmitten von Obstbäumen das Dorf Deyro Daslibo, wo nur wenige christliche Familien verblieben. Im Haus des Bürgermeisters Gevriye Aslan war man immer willkommen und diskutierte die Lage. Das Dorf hatte Schwierigkeiten mit dem muslimischen Nachbardorf wegen der Felder, die hinter einem Hügel lagen. Männer aus der Nachbarschaft erschossen ihn am 17. Juli 2004.

Diese drei Bürgermeister sollen stellvertretend für jene stehen, die in den Jahren meiner Besuche im Tur Abdin ermordet wurden, die ich aber persönlich nicht kennengelernt hatte.

Ich möchte auch Erzbischof Gregorios Yohanna Ibrahim, Metropolit von Aleppo, erwähnen. Er stammte aus dem abgelegenen Dorf Yardo und bat mich, auch sein Dorf in mein Buch „Lebendiges Kulturerbe Turabdin" aufzunehmen. Ich tat es gerne und lernte dabei die einzige christliche Familie kennen, die damals noch im Dorf lebte und mir die Kirche zeigte. Der Erzbischof wurde am 22. April 2013 an der Grenze zur Türkei von Terroristen entführt. (Später wird über ihn ausführlich berichtet.) Er schrieb mir 1995: „Ich verspreche meine volle Unterstützung Ihnen und dem Dienst, den Sie für unsere Gemeinde im Tur Abdin leisten".

Die drei Bürgermeister und Metropolit Gregorios bleiben für immer in meiner Erinnerung!

Muhtar Circis Yüksel   *Muhhtar Hanna Aydin*   *Muhtar Gevriye Aslan*

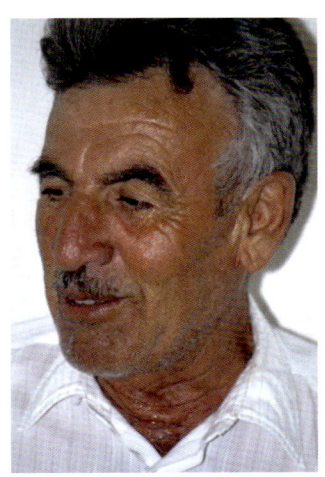

Hassana – das Weberdorf in den Çudibergen

Auf halbem Weg von Çizre nach Silopi nahe der irakischen Grenze zweigt die Straße nach Hassana in Richtung Çudiberge ab, wo das Dorf in einem Seitental lag. Hassana gehörte zur Assyrischen Kirche des Ostens. Durch fehlende Kontakte zur Mutterkirche wurde es vom Kloster Mor Gabriel betreut, und der Sohn des Pfarrers von Hassana war der Sekretär von Metropolit Timotheos. Mit ihm besuchte ich schon früh dieses abgelegene Dorf, schön wegen der Lage in den Bergen, einmalig wegen der Webkunst. Die Frauen, die die Wolle spannen, prägten das Dorf, die Männer saßen an den traditionellen Webstühlen und webten schmale, bloß 30 cm breite Stoffe, die sie bis in den Irak verkauften. Sie baten um einen breiteren Webstuhl, den wir besorgten, aber der gesponnene Webfaden war zu schwach und riss. Ebenso brachte der große Garten, durch den auch im Sommer das kleine Bächlein von den Bergen floss, gute Einkünfte. Die reichlichen Früchte verkauften sie im nahen Silopi.

Ich habe Hassana öfters besucht und war Gast bei Pfarrer Tuma. Das Problem des Dorfes war der Kontakt mit der PKK, die in den Bergen hauste. Sie kam in der Nacht ins Dorf, am Tag dagegen war es vom Militär streng bewacht und hielt ein Haus am Eingang des Dorfes besetzt. Die Christen lebten hilflos und angstvoll zwischen Militär und PKK. Bei meinem letzten Besuch im November 1993, zwei Monate vor der erzwungenen Evakuierung des Dorfes durch das Militär, standen Soldaten auf dem flachen Dach dieses Hauses und richteten ihre Waffen auf uns, andere kontrollierten, und der Chef begleitete uns zum Pfarrer. Wir waren gut bewacht, hätten aber gerne darauf verzichtet!

Mit der Vertreibung der Christen aus Hassana ging eine alte Kultur verloren. Die meisten Christen wanderten nach Belgien aus und veröffentlichten dort das Buch „Mecheln on the Tigris", für das ich gerne meine vielen Fotos von Hassana zur Verfügung stellte.

Frau beim Spinnen   *Mann am Webstuhl*

In den Dörfern der Izloberge

Izlo bedeutet *Übergang:* vom Tur Abdin nach Mor Augin, Nisibis und Syrien. Er hatte immer schon Bedeutung. Wegen der starken Präsenz der PKK war etwa bis zum Jahr 2000 der Besuch der von den Christen verlassenen Dörfer Badibe, Sederi und Harabemishka nicht gestattet. In den folgenden Jahren wurde die Straße gerichtet und mit der Renovierung von Kirchen und Häusern begonnen. Ab 2003 feierte man in den Marienkirchen von Badibe und Sederi am 15. August Liturgie. Im April 2014 kehrten frühere Bewohner endgültig nach Badibe zurück. Ich hatte 2003 und 2005 herzliche Begegnungen mit den Christen und konnte die Wiederbesiedelung beobachten. Oberhalb von Badibe wurde inzwischen das Kloster Mor Yakob d'Karno renoviert und besiedelt.

Die Landschaft der Izloberge mit ihren bizarren Felsformen, mit dem reichen Baumbestand, den fruchtbaren Feldern und alten Häusern ist faszinierend. Das Klima ist auch an heißen Sommertagen angenehm und einladend. Schon die Assyrer und Babylonier bezogen den Wein von den Izlobergen. Wann wird wieder Wein von den Izlobergen kommen?

Badibe

Sederi

Harabemishka

Landwirtschaft – wie in biblischen Zeiten

Um 1990 wurde im Tur Abdin mancherorts der Weizen noch gedroschen und gemahlen wie in biblischen Zeiten. Doch haben sich die Erntemethoden rasch geändert hin zur Ernte mit dem Mähdrescher und zur modernen Mühle.

„Man klopft den Dill mit dem Stock und den Kümmel mit dem Stecken aus" (Jes 28,27)

„Du sollst den Ochsen beim Dreschen keinen Maulkorb umhängen" (Dtn 25,4)

„Zum Dreschschlitten mach ich dich, zu einem Schlitten mit zahlreichen Schneiden" (Jes 41,15)
„Schon hält er die Schaufel in der Hand, um die Spreu vom Weizen zu trennen" (Lk 3,17)

Ein von einem Pferd bewegter Mühlstein (vgl. Mt 18,6)
„Man darf nicht die Handmühle oder den oberen Mühlstein als Pfand nehmen" (Dtn 24,6)

Besuche – Solidarität mit den Christen

Besuche von Gruppen sind in doppelter Hinsicht wichtig: Die Gruppe lernt die Situation vor Ort kennen und wird dadurch zur Mitarbeit motiviert, aber ebenso wichtig sind sie für die Christen im Orient: Diese fühlen sich nicht vergessen, sie freuen sich über jeden Besuch und sind überaus gastfreundlich. Deshalb organisierte ich für zwei größere Gruppen Besuche des Tur Abdin, wiederholt begleiteten mich einzelne Personen. Allerdings hatte ich bis 1995 meine Lehrverpflichtung an der Theologischen Fakultät in Linz und damit stand mir nur begrenzt Zeit zur Verfügung.

Gastfreundschaft

Die Teilnehmer wurden im Kloster Mor Gabriel gerne aufgenommen und konnten dort nächtigen. Während der etwa eine Woche dauernden Aufenthalte im Tur Abdin wurden die Klöster und möglichst viele Dörfer besucht, über die Lage diskutiert und die Liturgie mitgefeiert. Es gab herzliche Begegnungen mit reichen Erfahrungen.

Gruppenreisen hatten für mich freilich auch ihre Grenzen. Es bleibt keine andere Wahl, als mit den Teilnehmern ausgetretene Pfade zu gehen und vor allem die Sehenswürdigkeiten aufzusuchen. Für Gespräche über Projekte bleibt in der Regel wenig oder keine Zeit. Deshalb zog ich es bald vor, allein oder mit kleiner Begleitung in den Tur Abdin (und später in die anderen Länder des Orients) zu reisen. Nicht Tourismus war das Ziel, sondern Solidarität!

Gruppe in Mor Gabriel mit Metropolit Timotheos Samuel Aktas

Mit Weihbischof Florian Kuntner im Tur Abdin

Anfang 1992 besuchte ich Weihbischof Florian Kuntner in Wien, den Referenten für Mission und Weltkirche in der Österreichischen Bischofskonferenz. Ich lud ihn zu einem Besuch des Tur Abdin ein. Er fand in seinem Terminkalender eine freie Woche vom 5. bis 9. Juli, rief Professor Ernst Suttner und Frau Dolores Bauer an, die beide zusagten – und schon war der Besuch beschlossen. Pater Jakob Förg kam später noch dazu. Das war die unkomplizierte Art von Weihbischof Kuntner. Der Tur Abdin war für ihn, dem Kenner vieler Missionsländer, Neuland.

Damals gab es einen Flug Istanbul-Batman. Dort wurden wir von Vertretern des Klosters Mor Gabriel erwartet. Wir besuchten Hasankeyf, die alte Stadt am Tigris. Wir gingen das Tal hinauf Richtung Festung und hatten ein besonderes Erlebnis: Wir begegneten einem 90-jährigen Mann, der in einer Felshöhle wohnte. Er schwärmte von der Zeit vor 1914, als in Hasankeyf und in den Höhlen auf beiden Seiten dieses Tales Christen wohnten. Er zeigte auf Höhlen und nannte die Namen der christlichen Familien, die dort gewohnt hatten. „Als es hier noch Christen gab, da hat alles hier geblüht. Da gab es Goldschmiede, Geschäfte und gutes Leben. Seit sie alle weggegangen oder getötet worden sind, ist alles zugrunde gegangen". Er bleibe hier, um allen Besuchern von dieser Zeit zu erzählen.

In Mor Gabriel wurden wir herzlich empfangen. Es blieb genügend Zeit für Gespräche: „Nach der Meinung unserer Gruppe sieht der Bischof seine Aufgabe in erster Linie darin, ,prophetisch' vor dem Untergang der Christen im Tur Abdin zu warnen", schrieb Kuntner in seinem Reisebericht. „Die Lage in der Osttürkei ist äußerst angespannt. Es herrscht regelrechter Bürgerkrieg zwischen der kurdischen Freiheitsbewegung und dem türkischen Militär, der mit äußerster Härte geführt wird. Die Christen geraten zwischen die Mühlsteine der Bürgerkriegsparteien. Das größte Problem ist die Emigration. Zwar ist der Bischof von Dorf zu Dorf gefahren, um die Familien zu beschwören, im Lande zu bleiben. Es hat aber wenig, wenn nicht gar nichts genützt. So sieht er voll Befürchtung der Zukunft entgegen. Wenn alles so weitergeht wie bisher, wird es im Tur Abdin bald keine Christen mehr geben. Bei allen Gesprächen schwingt dieser stark pessimistische Ton des Bischofs mit".

Weihbischof Florian Kuntner in Midun

Am zweiten und dritten Tag besuchten wir Klöster, Kirchen und Dörfer. Weihbischof Florian Kuntner wird überall mit Freude empfangen, er spricht mit den Menschen und versucht ihre Sorgen zu verstehen. Ein Höhepunkt ist dabei der Besuch von Midun: Es ist Erntezeit, und der neue Mähdrescher arbeitet auf dem Feld. Der Bauernsohn Kuntner besteigt ihn und freut sich mit den Miduner Bauern. In Midun werden wir auch großartig bewirtet!

Ein besonderes Erlebnis war der Besuch des Flüchtlingslagers bei Silopi an der irakischen Grenze, wo Kurden und Christen aus dem Irak in getrennten Lagern lebten und je ein Zelt für das Gebet hatten. Die ca. 1.500 Christen flohen vor dem Krieg, den Saddam Hussein 1991 gegen die Kurden im Irak geführt hatte. Beim Gottesdienst bei ca. 50° Hitze im Zelt sprach Kuntner zu den Flüchtlingen. Er betete mit ihnen, segnete sie und übergab das Bild der Pötscher-Madonna von St. Stephan/Wien. Vor der Abfahrt wurde er von den Flüchtlingen umringt.

Kuntner zeigt das Maria Pötscherbild

Obwohl klar ist, „dass die Flüchtlinge nicht mehr in den Irak zurückkehren können, … warten noch immer an die 5.000 (Kurden eingerechnet) auf ein Visum seit eineinhalb Jahren. Sie ersuchen uns inständig, dafür zu sorgen, dass ihr … beinahe unerträglicher Zustand beendet wird".

„Vorläufiges Ergebnis: Professor Hans Hollerweger hat mit einer Gruppe bisher dermaßen gut und verantwortungsvoll gearbeitet, dass er darin unterstützt werden muss. Eine gute Information in Österreich, eine Hilfestellung durch einen vermehrten Finanz- und Personaleinsatz ist anzustreben. Wir alle erfüllten einen verantwortlichen Dienst, wenn uns die Rettung des Tur Abdin … mehr als bisher zum Anliegen wird" (WB. Kuntner).

Weihbischof Florian Kuntner starb am 30. März 1994 an einer Tropenkrankheit.

Weihbischof Florian Kuntner spricht zu den Flüchtlingen

Verwirklichte Ökumene – auf Zukunft hin

Im Tur Abdin hat nur die Syrisch-orthodoxe Kirche ihre Organisation durch die tragischen Ereignisse während des Ersten Weltkrieges hindurchgerettet. Der Patriarchensitz wurde vom Kloster Deyrulzafaran nach Homs und später nach Damaskus verlegt. Der syrisch-katholische Patriarch verließ 1920 Mardin.

So arbeiteten die *Freunde des Tur Abdin* nur für die syrisch-orthodoxen Christen. Doch ich kann mich nicht erinnern, dass wir bei einer Besprechung in Linz oder im Tur Abdin über Ökumene gesprochen hätten – wir haben sie getan! Eigentlich kann man mein Verhalten und das meiner Freunde im Tur Abdin nicht mehr als Ökumene im allgemeinen Sprachgebrauch bezeichnen, denn wir wussten uns eins. Wie viele Liturgien habe ich doch mitgefeiert!

Friedensgruß
EB. Beylouni – EB. Timotheos

Dabei hätte man im Tur Abdin Grund gehabt, misstrauisch zu sein. Die Syrisch-katholische Kirche war im 18. Jahrhundert durch die Union mit Rom aus der Syrisch-orthodoxen Kirche hervorgegangen und hatte von 1850 bis 1920 ihren Patriarchensitz in Mardin. Überall im Tur Abdin wandte sich ein Teil der syrisch-orthodoxen Christen der katholischen Kirche zu. Ebenso hat die protestantische Kirche unter den syrisch-orthodoxen Christen missioniert. Deshalb bestehen bis heute in manchen Orten (u. a. Mardin, Midyat, Kelith, Kfarburan) drei Kirchen, wobei zwei leer stehen. Diese historische Belastung ist offensichtlich noch in letzten Spuren vorhanden. Es wäre dringend zu wünschen, dass die beiden Kirchen mit syrischer Tradition wieder zusammenfinden! Einheit ist zuerst von den getrennten Kirchen im Orient zu erhoffen.

An Ostern 1991 besuchte der syrisch-katholische Erzbischof von Aleppo, Antoine Beylouni, den Tur Abdin, denn sein früherer Titular-Bischofssitz als Weihbischof war Mardin gewesen. Er feierte dort in der syrisch-orthodoxen Kirche, die den Vierzig Märtyrern von Sebaste geweiht ist, für alle Christen die Osterliturgie. Anschließend besuchte er auch das Kloster Mor Gabriel. Er wurde eingeladen, am Osterdienstag die Liturgie zu feiern, und man lobte die schöne Art seiner Zelebration. Metropolit Timotheos feierte an seinem Sitz mit. Gefeierte Einheit! Erzbischof Beylouni lud mich ein, nach Aleppo zu kommen.

Auch Weihbischof Florian Kuntner verkündete in der syrisch-orthodoxen Liturgie das Evangelium!

Weihbischof Florian Kuntner verkündet das Evangelium

Begegnungen mit Kurden und Muslimen

Wie könnte man im Tur Abdin den muslimischen Kurden ausweichen? Diese Begegnungen waren zwar nicht das Ziel meiner Besuche, aber sie ergaben sich von selbst.

Bei einem Besuch bat mich der Kaymakam von Midyat, ein vornehmes Haus zu fotografieren, das die Stadtverwaltung von einem ausgewanderten Christen gekauft hatte und das für Gäste umgebaut wurde. Er vertraute offensichtlich meinem Fotoapparat. Ich tat es gerne und schickte ihm die Fotos.

Öfters ging ich vom Kloster Mor Gabriel hinauf nach Kfarbe, das nur eine halbe Stunde entfernt auf einer Anhöhe liegt. Aus diesem Dorf sind zwar alle Christen ausgewandert, doch befindet sich dort die schönste Dorfkirche aus der Zeit um 800. Die Kurden respektieren die Kirche, die ausgewanderten Christen renovierten sie. Meistens besuchte ich auch den Bürgermeister. Einmal erzählte er, dass sein Sohn in Deutschland arbeite und ihm erzählt habe, dass die Muslime dort Moscheen bauen dürfen. Daraufhin fragte ich ihn: „Dürfte auch ich in Ihrem Dorf eine Kirche bauen?" „Nein", war seine klare Antwort, „wir haben ja eine Kirche". Der Bürgermeister freut sich, wenn man *seine* Kirche lobt!

In Kfarbe lernte ich Demokratie, die es damals in der Türkei noch gab, auf Osttürkisch kennen. Im Tur Abdin ist das frühere Feudalsystem noch aktuell, so dass die meisten Dörfer einem Ağa unterstehen. Manches christliche Dorf wurde von der PKK verschont, weil der Ağa entsprechend bezahlt wurde. An einem Wahltag, in der Türkei mit Ausgangssperre verbunden, bekamen wir vom Militär die Erlaubnis, Kfarbe zu besuchen. Die Tochter des Bürgermeisters, eine junge Maturantin, hatte einen Verband am Kopf. Eine türkisch sprechende Frau aus unserer Gruppe fragte sie, was passiert sei: Sie habe nicht den Kandidaten des Ağa, sondern eine Frau gewählt. Für diesen Ungehorsam dem Ağa gegenüber habe sie ihr Bruder ordentlich verdroschen. So konnte der Bürgermeister zum Ağa wenigstens sagen: Wir haben sie für diesen Ungehorsam gehörig bestraft.

Kurdisches Mädchen von Kfarbe

Bei einem Besuch besichtigten wir die Kirche in Kafro Elayto, dem Heimatdorf des verstorbenen Erzbischofs Julius Çiçek/Niederlande. Ein älteres christliches Ehepaar war für einige Zeit aus Istanbul in sein Heimatdorf zurückgekehrt und schloss uns die Kirche auf. Aber die Kurden des Dorfes sahen uns und luden uns auf einen Tee ein. Ein Wohnraum voller Kurden, mein Übersetzer und ich! Sie klagten: „Solange die Christen hier waren, hatten wir Frieden und wir lebten im Dorf friedlich miteinander. Aber die Christen sagten: ‚Wir gehen in das christliche Europa!' Was sagen Sie dazu?" „Jetzt leben sie in Europa neben den Kurden", war meine Antwort. Eine unvergessliche Begegnung und ein Zeugnis für ein friedliches Miteinander von Kurden und Christen in der Vergangenheit!

Obwohl ich nur gelegentlich mit Muslimen Kontakt hatte, wurde mit den Christen häufig über den Islam gesprochen. Dabei haben sich zwei Aussagen tief bei mir eingeprägt:

Wiederholt staunte man über die naive Haltung der Europäer gegenüber dem Islam, die sie nicht verstehen könnten. Man warnte und sagte: „Den Islam kennt nur, wer unter ihm lebt". Eine unvergessliche Aussage, die mit der Realität übereinstimmt! Deshalb war man bemüht, dass sich keine muslimische Familie in einem christlichen Dorf ansiedelt. Man hielt eine gewisse Distanz!

Die zweite Aussage: Nach einer Karfreitagsliturgie in Midyat standen Männer am Platz vor der Kirche um einen Eimer mit Schöpflöffel, der mit einem Getränk gefüllt war. Auch ich musste verkosten: Ein übel schmeckendes Essiggetränk, das zuvor in der Liturgie bereitet und im Gedenken an das Getränk, das man Jesus am Kreuz reichte, getrunken wurde. Ich kam ins Gespräch mit einem Christen, der Englisch sprach und viel mit Kurden zu tun hatte. Er erwähnte mir gegenüber: „Die Kurden sagen: Die Christen sind stärker als wir!" Respekt der Kurden vor den Christen! Sie kennen deren Benachteiligungen und verlassen dennoch ihre Heimat nicht.

Als Ausländer erlebte ich trotzdem nicht das tatsächliche Verhältnis der Christen und Muslime zueinander. Nur wer dort lebt, weiß um die Morde an den Christen, kennt die ungerechte Behandlung vor Gericht und den Behörden, ist den täglichen Schwierigkeiten und dem Bewusstsein ausgeliefert, Mensch zweiter Klasse zu sein!

Blick auf Kafro Eleyto

Begegnungen mit Militär und Geheimdienst

In den Jahren der härtesten Kämpfe des türkischen Militärs gegen die PKK gehörten im Tur Abdin Begegnungen mit dem Militär zum Alltag. Genau gesagt, waren es Begegnungen mit der Gendarmerie: In der Türkei nennt man das Militär für die innere Sicherheit Gendarmerie.

Die ersten Begegnungen waren die vielen Kontrollen an den Straßen, mehr oder weniger streng je nach der jeweiligen Lage. Diese Kontrollen waren im Allgemeinen kein Problem: Man zeigte den Reisepass. Den Dienst des einfachen Soldaten, der seine Pflicht erfüllt, muss man respektieren. Die Kontrollen bei den Militärstationen waren meist strenger, doch ebenso unproblematisch. Doch beim Besuch eines Dorfes sagte der einheimische Begleiter: „Macht schnell, dass sie uns nicht sehen!" Der größte Fehler: Nach kurzer Zeit holten uns zwei Soldaten zur Militärstation. Es war immer klug, sich dem Militär offen zu zeigen!

Es gab viele freundliche Begegnungen. In Midun besuchte ich mit dem Bürgermeister und dem Pfarrer häufig den Chef der Militärstation. Zwischen dem Dorf und dem jeweiligen Kommandanten bestand ein gutes Verhältnis. Als 1990/91 Saddam Hussein Krieg gegen die Kurden führte, bereitete sich das Militär zwischen Midun und Çizre auf einen möglichen Angriff des Irak gegen die Türkei vor. Auf dem Weg nach Hassana staunte ich über die Zahl der Panzer, die nach Midun hinter Erdhügeln in Bereitschaft waren. Die Christen von Midun versorgten das Militär mit den gewünschten Nahrungsmitteln. Zum Dank veranlasste der Kommandant, in Midun einen zweiten Brunnen zu graben.

In Bsorino saß ich mit einer Gruppe im Haus des Bürgermeisters. Da setzte sich ein ganz verschwitzter, nur mit einem Unterleibchen bekleideter Mann zur Runde. Es war der Kommandant der Militärstation, der zuvor dem Diakon bei der Ernte geholfen hatte. Er lud uns in die Militärstation ein und bewirtete uns mit Tee und Kuchen. Ich traf ihn noch öfters. Wie üblich, wurde er anderswohin versetzt. Als er später dienstlich nach Midyat kam, begegnete ich ihm zufällig wieder im Kloster Mor Gabriel. Er kam mir lachend entgegen; ich sagte nur „Bsorino" und wir begrüßten und umarmten uns.

Ein Kommandant von Hah war an der damaligen Renovierung der Kirche sehr interessiert. Als ich das Dorf besuchte, kam er zur Kirche und erklärte unserer kleinen Gruppe die Schönheit des erneuerten Kirchenraumes. Unvergesslich dieses archäologische Interesse!

Von den Soldaten wurde ich gefragt, ob ich wegen der vielen Panzer nicht Angst hätte. Ich antwortete etwas überzogen: Ihr benützt deutsche und amerikanische Panzer. Die deutschen Panzer sind mir aus dem Zweiten Weltkrieg bekannt und die amerikanischen aus der nachfolgenden Besatzungszeit. Warum soll ich Angst haben? (Deutsche Panzer hatte ich jedoch in meiner friedlichen Heimat nie gesehen!)

Begegnung in der Militärstation in Midun

Einige Begegnungen mit dem Militär blieben in anderer Erinnerung. Einmal wollte ich mit dem Begleiter und einigen Schülern Dayro Daslibo besuchen, aber vor der Abzweigung zum Dorf mussten wir an der Straße nach Kfarburan eine Kontrolle passieren, die uns nicht in das nahe christliche Dorf fahren ließ. Wir gaben nicht nach. Da schickte man uns weiter nach Kfarburan zum Militärchef. Es gab ein scharfes Verhör: Was wir denn hier machen würden, wen wir besuchen usw. Unter sich berieten sie auf Türkisch, das die Schüler verstanden, ob man uns verhaften solle. Man ließ uns frei fahren, aber Dayro Daslibo durften wir nicht besuchen.

Ein Jahr später fuhr ich wieder nach Kfarburan, weil ich Fotos für meinen Bildband brauchte. Ich ging zum neuen Kommandanten. Dieser schrieb auf einen kleinen Zettel die Erlaubnis zu fotografieren, und ich nützte die Gelegenheit reichlich.

Im September 1993 besuchte ich mit einigen älteren Schülern das Kloster Mor Malke und Harabale. Als wir uns von Harabale auf den Heimweg machten, sahen wir auf halbem Weg Richtung Kafro Rauch aufsteigen. Der Bürgermeister von Kafro war mit uns im Minibus. Brannte es in seinem Dorf oder stieg der Rauch von der Ölpumpstation auf, die in derselben Richtung lag? Wir kehrten um und meldeten den Rauch der Militärstation. Nach kurzer Zeit rückten drei Militärfahrzeug aus. Aber auf halbem Weg hielten ihre Fahrzeuge an und die Soldaten verschwanden in alle Richtungen im Buschwerk. Wir fuhren wieder in das Dorf zurück und warteten mit den Dorfbewohnern ab, wie es weitergehen würde. Nach etwa zwei Stunden kam ein anderer Minibus im Dorf an. Was war geschehen?

Am Dorfausgang von Kafro hatte die PKK den Minibus des Fahrers von Harabale angehalten und forderte alle auf auszusteigen, schüttete Benzin in das Auto und zündete es an. Das war die Strafe für die Gefälligkeiten des christlichen Minibusbesitzers den Soldaten gegenüber, denen er regelmäßig Kleinigkeiten (Zigaretten, Zeitungen usw.) in Midyat besorgte. Sein Minibus war neu und hatte erst 500 km am Tacho. Kurz darauf wanderte er aus. Wären wir damals 10 Minuten früher von Harabale losgefahren, wären wir genau zu dieser Attacke der PKK zurechtgekommen. Wir fuhren zurück nach Mor Gabriel und sahen vor Kafro den ausgebrannten und bewachten Minibus. Ich *schoss* schnell ein Foto, bevor der Soldat mir bedeutete, dies sei verboten!

Harabale: Militär rückt aus   *Der verbrannte Minibus*

Unfall mit einem Militärfahrzeug! Es ist interessant, wie er behandelt wurde. Wir fuhren von Mardin zum Kloster Deyrulzafaran. Bevor man zum Kloster abzweigt, steht auf der rechten Seite das Gefängnis von Mardin. Ohne den Vorrang zu beachten, fuhr ein Militärjeep auf die Straße und es krachte. Dann wurde verhandelt, und unser Fahrer unterschrieb, dass er die Schuld habe. Ich schimpfte, dass dies nicht stimme. Aber es war unterschrieben. Im Jeep saß allerdings der Militärkommandant von Mardin. Am nächsten Tag kam er eigens ins Kloster und erklärte mir: Wenn der Soldat die Schuld habe, wird er eingesperrt und muss den Schaden zahlen. Der andere Fahrer kann beim Militärgericht die Entschädigung beantragen, die er aber vielleicht nach Jahren oder nie bekommen wird. Da sei es doch vernünftiger, jeder zahle seinen Schaden selber. Eine kluge orientalische Lösung!

Im April/Mai 2001 besuchte ich mit einer Gruppe den Tur Abdin. Unmittelbar zuvor hatte die letzte Gerichtsverhandlung mit dem Pfarrer von Diyarbakir, Yusuf Akbulut, stattgefunden. Er hatte im Oktober 2000 zu Journalisten gesagt, der Genozid an den Armeniern habe ebenso die syrischen Christen betroffen. Am nächsten Tag stand die in der Türkei strafbare Wahrheit in der Zeitung. Der Pfarrer wurde einige Male verhört, ging aber frei, weil das Gericht am 5. April 2001 entschied, seine Aussage sei ja nicht für die Öffentlichkeit bestimmt gewesen. Er hatte diesen Freispruch den vielen Protesten aus dem Westen zu verdanken. Damals fürchtete man noch ein schlechtes Echo in Europa.

Aber der türkische Innenminister hatte schon zuvor angeordnet, dass Ausländer nur die beiden Klöster Mor Gabriel und Deyrulzafaran, nicht aber die Dörfer im Tur Abdin besuchen dürfen. Davon wussten wir nichts. So fuhren wir am 1. Mai 2001 trotzdem vom Kloster Mor Gabriel aus nach Midun. Nach dem Besuch der Kirche bedeuteten uns vier Soldaten, wir sollten zum Kommandanten kommen, der uns befahl, ins Kloster zurück zu fahren. Auf halbem Weg wurden wir angehalten und mit militärischer Begleitung nach Azakh (Idil) beordert. Dort wurden wir bewacht und mussten ca. zwei Stunden auf den Militärchef warten, der bei einer Maifeier war. Wenn einer aufs WC musste, wurde er von einem Soldaten begleitet. Schließlich kam der Chef mit zwei Geheimpolizisten, die das folgende Verhör genau notierten.

Meine erste Frage: Sind wir frei oder verhaftet? Man beteuerte, wir seien frei. Ich sagte, was hier vorginge, teile ich dem Österreichischen Botschafter in Ankara mit. Ich beschwerte mich auch, weil man uns ohne Mittagessen solange warten ließ. Und so entwickelte sich wegen des unerlaubten Besuches von Midun ein langes und hartes Gespräch. Doch ließ man uns letztlich nach Midun zum vorbereiteten Mittagessen und nach Mor Gabriel fahren, allerdings in Begleitung des Geheimdienstes. Sie sprachen mit dem Bischof, der sie sicherlich beschwichtigte. Sie verabschiedeten sich: „Auf Wiedersehn". Ich schüttelte nur den Kopf.

Am nächsten Tag besichtigten wir Midyat, und der Geheimdienst schlich hinter uns her. Wir aber beschlossen, den Tur Abdin zu verlassen und Richtung Antakya zu fahren.

Tags darauf fuhren wir Richtung Batman, besuchten das Kloster Mar Yakob in Salah, das nur einen kleinen Abstecher neben der Hauptstraße liegt. Kaum hatten wir die schöne Klosterkirche besichtigt, standen drei Militärwagen mit etwa 30 Mann vor dem Kloster. Der Kommandant kam und bedeutete uns, das Kloster zu verlassen. Ich sagte ihm, solange er im Kloster sei, verlasse ich es nicht. Und er ging als Erster hinaus. Auf der weiteren Fahrt folgte uns in einem

Die Kirche von Azakh (Idil)

Respektabstand der Geheimdienst in seinem weißen Auto. Man fährt nach einigen Kilometern von der Höhe des Tur Abdin in ein wunderschönes Tal hinab und hat über dieses einen großartigen Überblick. Nach einer Kurve hielten wir zum Fotografieren an. Das sah der Geheimdienst nicht und kam uns zu nahe. Sie fuhren daher verkehrt zurück; und wir lachten. Wir besichtigten Hasankeyf am Tigris. Aber im Hotel in Diyarbakir kontrollierten wieder andere Geheimdienstler. Auf der weiteren Fahrt nach Antakya hatten wir unsere Ruhe.

Auch in den folgenden Jahren, als es eigentlich schon sicherer war, gab der Geheimdienst auf mich acht und begleitete mich, folgte mit dem weißen Auto sogar bis Nusaybin oder erkundigte sich scheinheilig im Kloster, ob es mir gut gehe. Man kann sich dabei denken: Sie machen ihren Dienst, aber man sollte ihnen nicht zuviel in die Quere kommen!

Eine eigene Art von Kämpfern auf der Seite des Militärs waren die Dorfwächter, vom Militär angeworbene und bewaffnete Männer aus den Dörfern. Waren sie zu diesem Dienst nicht bereit, wurden sie verdächtigt, mit der PKK zu sympathisieren. Als Ortskundige wurden ihnen bestimmte Aufgaben zugewiesen, etwa die Kontrolle einer Gegend während der Nacht. Sie bewachten auch die Dörfer. Hin und wieder kontrollierten sie die Straße und stoppten Autos. In diesem Fall waren sie lästige Kontrolleure, die doch nichts verstanden. Es passierte, dass mir ein Dorfwächter das Fotografieren verbieten wollte; allerdings vergeblich.

Bei diesen widrigen Umständen war dennoch das Kloster Mor Gabriel gleichsam ein Schutzschild und irgendwie eine Garantie, dass wir harmlose Touristen sind. Wie oft wird Metropolit Timotheos die Geheimpolizei beschwichtigt haben?

Bei einem Besuch mit einer kleinen Gruppe von Freunden parkte unser Minibus am zentralen Platz in Midyat. Ich verließ die Gruppe und ging in eine der vielen Silberwerkstätten. Ein Teilnehmer filmte eine Gruppe von Soldaten, die in einer Seitengasse geschlossen marschierten. Die Gendarmerie beobachtete dies von einem Büro aus und schritt ein. Als ich zurückkam, saßen alle verschreckt im Minibus. Ich verhandelte mit dem Gendarmen und verwies auf unseren Aufenthalt im Kloster Mor Gabriel. Daraufhin rief er im Kloster an – und wir konnten in das Kloster zurückfahren.

Blick von der Burg auf den Tigris und Hasankeyf

„Lebendiges Kulturerbe Tur Abdin" – ein Denkmal für den Tur Abdin

Ich fotografiere gern und hatte mir auch eine gute Ausrüstung besorgt. Bis zum Jahr 1997 hatten sich bei mir bereits einige Tausend Dia mit vielfältigen Motiven vom Tur Abdin angesammelt: Landschaften, Klöster, Dörfer, Menschen, Kinder. ... Unter dieser Vorgabe entschloss ich mich, einen Bildband vorzubereiten. Von Anfang an waren drei Sprachen (Deutsch, Englisch und Türkisch) vorgesehen. Ein erfahrener Grafiker zeichnete mir drei Schemata. Auf dieser Grundlage war es für mich unglaublich interessant, den Inhalt (Text und Fotos) mit der vorgegebenen Form in Einklang zu bringen, aber auch bewusst davon abzuweichen. Damit erhielt der Bildband durchgehend eine einheitliche Struktur.

Gerne schrieben mir Patriarch Ignatius Zakka I. Iwas und Metropolit Timotheos S. Aktas ein Vorwort, denen ich meines anfügte. Für den kulturellen und historischen Teil bat ich zwei Wissenschaftler, Professor Sebastian Brock und Andrew Palmer/England. Letzterer und Frau Selvin Gülcur/Istanbul besorgten die Übersetzungen ins Englische und Türkische.

Ich kontaktierte zwei Verlage: der eine wollte 300 Stück drucken, der andere 500: eine Enttäuschung! So blieb den *Freunden des Tur Abdin* kein anderer Weg, als den Bildband im Eigenverlag zu veröffentlichen und ihn auch zu finanzieren. Wir ließen 5.000 Exemplare drucken. Als Abnehmer hatten wir vor allem die aus dem Tur Abdin ausgewanderten Christen vor Augen und täuschten uns nicht.

Von den vielen positiven Reaktionen sei nur eine genannt: „Ich habe heute Ihren Bildband ‚Lebendiges Kulturerbe Tur Abdin' erhalten, aufgeschlagen, daraufhin alles andere weggelegt und zu blättern begonnen. Mit diesem Buch haben Sie mir eine Welt geöffnet, die mir bisher völlig unbekannt war. Abgesehen von der Fülle der Informationen gefällt mir besonders, dass nicht nur Kunstdenkmäler, sondern gleichzeitig auch Land und Leute und die Natur dargestellt werden, so dass ein eindrucksvolles Gesamtbild dieser christlichen Gemeinden der syrischen Tradition entsteht. ... Ich gratuliere Ihnen aufrichtig zu dieser herrlichen Publikation!"
Dr. Hans Marte, Generaldirektor der Österreichischen Nationalbibliothek.

Wir druckten noch zwei weitere Auflagen, so dass insgesamt 12.500 Exemplare in alle Welt versandt wurden. Mit dem Bildband wurde der Tur Abdin weithin bekannt gemacht!

Für die türkische nationalistische Zeitung Aksam der MHP-Partei war der Bildband ein Hochverrat an der Türkei, weil auf einer Landkarte der Tur Abdin rot gefärbt ist, was für die Verfasserin des Artikels die Abtrennung des Tur Abdin von der Türkei bedeutet hat. Metropolit Timotheos reagierte energisch auf diese Unterstellung. Zu meinem Vorwort wurde festgestellt: „Der Verfasser des Buches Hans Hollerweger verteidigte mit seinem Vorwort und der Landkarte im Buch, dass die syrischen Christen einen Staat gründen sollten. Hollerweger schreibt im Vorwort: ‚Mein Wunsch ist, dass dieses Buch nicht bloß eine Dokumentation des Vergangenen und der Gegenwart ist, sondern einen Weg in die Zukunft weist'". Welch hochverräterische Worte!

Christlicher Glaube und Kunst gingen im Tur Abdin eine Symbiose ein: in den Klöstern und Kirchen aus alter Zeit, in der reichen Symbolik der Liturgie in alten Räumen, im Alltag der Christen, die einen aramäischen Dialekt sprechen. Dieses alte Erbe vorzustellen, zu achten und zu bewahren, war das Ziel des Bildbandes.

„Geh Wege, die noch niemand ging, damit du Spuren hinterlässt" *(Antoine de Saint-Exupèry).*

Das Cover des Bildbandes

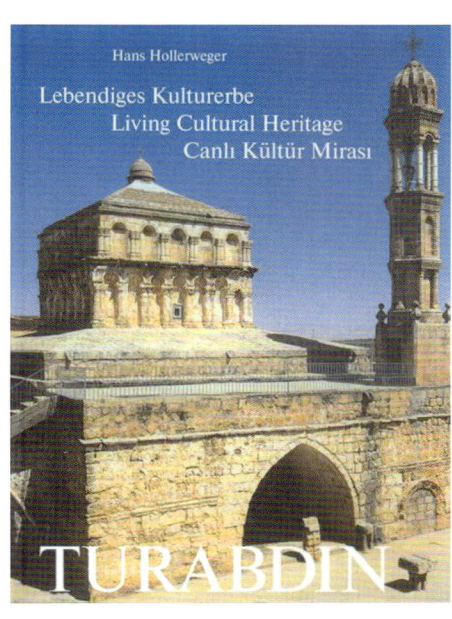

Frühling im Tur Abdin

Nur kurze Zeit ist im Tur Abdin nach dem Winter die Landschaft überall in ein sattes Grün getaucht. Ende April und im Mai zeigt sich die Natur in ihrem schönen Frühlingskleid, das spätestens im Juli braun eingefärbt ist und die orientalische Sonne ihre Kraft spüren lässt. Auf dem Kalkboden des Tur Abdin blühen im Frühling die Bäume und die verschiedensten Blumen. Die Besonderheit sind aber die Blumenwiesen, die einen Landstrich für kurze Zeit einheitlich färben.

Auf beiden Seiten des Yezidendorfes Harabia, das bei Inwardo eindrucksvoll auf einem Bergrücken liegt und damals noch von wenigen Yeziden bewohnt war, blühen auf beiden Seiten des Dorfes Blumenwiesen in roter und gelber Farbe.

Stern in der Geburtsgrotte in Bethlehem

HEILIGES LAND

Bethlehem, Jerusalem, Taybeh

Licht für Bethlehem

Die heiligen Stätten, die an Jesus Christus erinnern, sind Ziel vieler christlicher Pilger aus aller Welt. Auch ich war einige Male als Pilger im Heiligen Land. Die einheimischen Christen kommen dabei kaum in den Blick. Ich werde im Folgenden nur über die Kontakte im Zusammenhang mit den drei Aktionen der *Initiative Christlicher Orient* berichten: *Licht für Bethlehem, Brot für Bethlehem* und *Herberge für Bethlehem.*

Bethlehem im Heiligen Jahr 2000

Im Heiligen Jahr 2000 richtete sich der Blick der christlichen Welt auf Bethlehem, die Geburtsstadt Jesu. Aber im selben Jahr begann die Zweite Intifada, der Kampf der Palästinenser gegen die israelischen Sicherheitskräfte, ausgelöst durch den provokanten Besuch des Tempelberges des israelischen Oppositionspolitikers Ariel Scharon am 28. September 2000. Ein Höhepunkt war im April/Mai 2002 die 39-tägige Belagerung der Geburtskirche in Bethlehem, in die sich palästinensische Kämpfer geflüchtet hatten.

Im Spätherbst 2000 erreichten uns katastrophale Berichte über die Lage der Christen in Bethlehem: Sie seien in der Stadt eingesperrt und könnten ihre Arbeitsplätze in Jerusalem nicht erreichen, viele würden hungern, ständige Ausgangssperren würden das Leben unerträglich machen, zahlreiche Häuser seien von den Israelis zerstört worden. Diese Berichte führten zum Beschluss des Vereins, an Weihnachten 2000 eine Sammlung für die dortigen Christen durchzuführen. Dafür wurde mit einer eigenen Ausgabe der „Stimme des Tur Abdin" in den Pfarren geworben und gebeten, unter dem Motto *Licht für Bethlehem* bei Weihnachtsfeiern und Weihnachtsgottesdiensten um Spenden für die Christen in Bethlehem zu bitten. Als erfreuliches Ergebnis konnten umgerechnet 30.000 Euro an die Caritas Jerusalem, die auch für Bethlehem zuständig ist, überwiesen werden.

Vor Weihnachten 2001 wurde die Aktion in ähnlicher Weise noch erfolgreicher durchgeführt. Erstmals wurden mit dem Ertrag vor allem Schüler kinderreicher Familien unterstützt und Arbeit für Arbeitslose ermöglicht. Patriarch Michel Sabbah schrieb für das Werbeblatt: „Ich möchte Ihnen nochmals für Ihre vorjährige Aktion ‚Licht für Bethlehem' danken. … Eine der besten Hilfen ist die Schaffung von Arbeitsplätzen. Da viele Menschen aufgrund der Sperren palästinensischer Gebiete in ihren Orten eingeschlossen sind, sollten sie hier, wo sie sich aufhalten, Beschäftigung finden". Ein wichtiger Hinweis für die Zukunft!

Die Geburtskirche in Bethlehem

„An jedem Christbaum ein Stern von Bethlehem!"

Vor Weihnachten 2002 befolgten wir den Rat von Patriarch Michel Sabbah und beschritten einen neuen Weg: Erstmals boten wir einen Stern aus Olivenholz und eine größere Auswahl an Weihnachtskarten an. Diese Aktion wurde überaus gut angenommen: Wir hatten in Bethlehem 70.000 Stuck des unten abgebildeten Sternes gekauft und konnten mit dem doppelten Erlös der Vorjahre die Caritas, das Patriarchat und Schüler unterstützen.

Doch die Zweite Intifada, die erst 2005 beendet wurde, ging unvermindert weiter. Die Israelis reagierten unverhältnismäßig mit Gewalt auf palästinensische Selbstmordattentäter. Sie rückten in die palästinensischen Städte ein und belagerten auch die Geburtskirche. Patriarch Sabbah schrieb an die Adresse der westlichen Christenheit: „Unsere Christen sind entrüstet, denn sie fühlen keine wirkliche Unterstützung; sie glauben, dass die christliche Welt und die christlichen politischen Kräfte nicht mehr existieren".

Im selben Jahr 2002 wurde mit dem Bau der israelischen Sperrmauer begonnen. Sie trennte Bethlehem vom 10 km entfernten Jerusalem und ermöglichte eine strenge Kontrolle der einheimischen Bevölkerung und der Besucher. Ein Franziskanerpater schrieb uns im September 2003: „In der Region Bethlehem leben wir gegenwärtig in der schlimmsten Zeit, an die sich die Bevölkerung erinnern kann. Für die Christen Bethlehems ist es praktisch unmöglich ein normales Leben zu führen. ... Besonders unerträglich ist die hohe Arbeitslosigkeit, so dass wir eindringlich darum bitten, die Christen dahingehend zu unterstützen". Wir erweiterten die Aktion *Licht für Bethlehem* durch neue Motive und konnten vermehrt helfen. „Einst ist von Bethlehem das Friedenslicht in die Welt gegangen, heute brauchen wir das Licht Eurer Hilfe", schrieb eine Friedensaktivistin aus Bethlehem. Fr. Ibrahim Faltas von der Kustodie der Franziskaner schrieb: „Dank Ihres Projektes ,Licht für Bethlehem' beginnt die christliche Gemeinde die Solidarität in ihren Brüdern und Schwestern zu spüren. Ich hoffe sehr, dass diese Zusammenarbeit mit uns auch in der Zukunft fortgesetzt wird".

Für die Aktion an Weihnachten 2004 bat der Bürgermeister von Bethlehem Hanna J. Nasser: „Ich richte die aufrichtige Bitte an alle Österreicher, mit uns solidarisch zu sein und unsere traditionellen Olivenholz-Schnitzereien zu kaufen. Ihre Unterstützung ist dringend nötig, weil dadurch viele unserer Werkstätten den Betrieb aufrecht erhalten und viele unserer christlichen Familien in dieser kritischen Zeit mit dem Lebensnotwendigsten versorgt werden können". Bei einem Treffen im Jahre 2005 in seinen Amtsräumen in Bethlehem sagte er: „Das ist die beste Hilfe, die Ihr geben könnt!"

So wurde mit viel Einsatz im Heiligen Jahr 2000 eine Aktion begonnen, die in den folgenden Jahren gewachsen ist und bis heute mit Erfolg weitergeführt wird. Man muss den Mut haben, Neues zu beginnen!

Kontakte mit vielen Werkstätten

Die Auswahl an Motiven aus Olivenholz wurde in den folgenden Jahren wesentlich erweitert: Neben den flachen Arbeiten kamen verschiedene Krippen und geschnitzte Statuen dazu. Einige Jahre führten wir um Ostern eine eigene Aktion durch mit Motiven, die für Ostern, Erstkommunion und Firmung geeignet waren. Um die rechte Auswahl in den vielen Werkstätten Bethlehems zu treffen, war von 2004 bis 2013 ein jährlicher Besuch notwendig. Für einen Ausländer war es kein Problem, in die Geburtsstadt Jesu zu gelangen, aber die Bewohner Bethlehems lebten wie in einem großen Gefängnis. Ein Autohändler sagte zu mir: „Ich habe zwar ein Auto, aber ich kann nur fünf Kilometer fahren". Durch die Caritas Jerusalem wurde ich über die Werkstätten gut informiert.

In Bethlehem und den unmittelbar benachbarten Städten Beit Sahour und Beit Jala werden in hunderten Werkstätten Arbeiten aus Olivenholz und Perlmutter erzeugt. Die Auswahl ist groß: Neben den Weihnachtsartikeln werden viele religiöse Gegenstände (Kreuze, Rosenkränze, Statuen), aber auch Gebrauchsgegenstände erzeugt. Das Olivenholz, das von verschiedenen Orten Palästinas angekauft wird und lang getrocknet werden muss, ist sehr hart, widerstandsfähig und schwierig zu bearbeiten. In den drei genannten Städten haben sich Werkstätten zu Kooperativen zusammengeschlossen, größere Werkstätten sind als selbständige Betriebe organisiert, aber es gibt ebenso einzelne Arbeiter, die für sich allein arbeiten, ihre Produkte oft billigst an Händler verkaufen müssen und sehr froh sind, wenn man mit ihnen Kontakt aufnimmt und sie unterstützt. Manche haben wochenlang nur für die *Initiative Christlicher Orient* gearbeitet. Es war mir immer ein Anliegen, solchen Arbeitern und damit ihren Familien zu helfen. Dabei lernte ich viel konkrete Not und schlechte Arbeitsbedingungen kennen. Diese Aktion war deshalb so sympathisch, weil sie Hilfe zur Selbsthilfe war und die Arbeit vieler Familienerhalter von uns unterstützt wurde.

Aber die Mühe hat sich gelohnt. In den 14 Jahren, in denen ich die Aktion *Licht für Bethlehem* verantwortet habe, konnten wir christliche Schulen, Kindergärten, einzelne meist kinderreiche Familien und vor allem Projekte der Caritas Jerusalem mit über 1,3 Millionen Euro unterstützen. Wie viele Familien hatten doch durch *Licht für Bethlehem* ein Einkommen!

Aussägen eines Sternes

Schnitzer an einer Statue

Brot für Bethlehem

Die Bäckerei der Salesianer Don Boscos gibt jeden Tag an mehr als 200 Familien gratis Brot ab. Die Abgabe ist gut organisiert: Sozialhelfer erfassen die Not leidenden Familien und stellen ihnen für jeden Monat einfache Ausweise aus. Wer einen solchen Ausweis mit Namen und Zahl der Familienmitglieder in der Bäckerei vorweist, erhält die entsprechende Menge Brot. Alten und gebrechlichen Menschen wird das Brot von freiwilligen Helfern zugestellt. So wird den Familien in Not wenigstens die Sorge um das tägliche Brot abgenommen.

Durch den großen Bedarf ist die Bäckerei auf Spenden angewiesen. Wir begannen im Jahr 2008 die Aktion *Brot für Bethlehem* und setzten sie in den folgenden Jahren fort. Das Ergebnis: Insgesamt 10.000 kg Brot für bedürftige Menschen in Bethlehem!

Er freut sich über das Brot! *Brot für eine große Familie!*

Herberge in Bethlehem – Arbeitsbeschaffung durch Hausrenovierung

Ziel dieses Projekts war es, palästinensischen Familien ein gesundes und sicheres Wohnen zu ermöglichen und kurzfristige Jobs für arbeitslose Menschen zu schaffen. Ein Nebeneffekt: Viele alte, für Bethlehem typische Häuser wurden wohnlicher gemacht und für die Zukunft erhalten.

Die Caritas Jerusalem erstellte klare Kriterien für die Auswahl und die Durchführung der Haussanierung: Es sollten kinderreiche Familien und ältere Menschen bevorzugt werden; um Kosten zu sparen, plante man jeweils etwa 10 Häuser zugleich zu sanieren; es sollten Arbeitslose für einige Zeit einen Job und damit ein Einkommen für ihre Familien haben. Wir schlossen uns mit der Linzer Kirchenzeitung und dem Land Oberösterreich zusammen und finanzierten eine bauliche Einheit: 12 Häuser zu je € 5.000.

Der Direktor der Schulen der Franziskaner, Fr. Marwan Di'des OFM, schrieb uns zur Aktion *Herberge in Bethlehem*: „Die alten Wohnungen wurden durchwegs mit großen Räumen, hohen Mauern, gewölbter Zimmerdecke und mit Mauern erbaut, die im Winter vor Wärmeverlust schützen, im Sommer hingegen kühl halten. … Auf diese Weise ist es möglich, nicht nur das Innere, sondern auch das Äußere der Wohnungen zu verbessern. Der alte Bezirk der Stadt Bethlehem erhielt seinen Glanz zurück, kann sich sehen lassen und ist vor allem sicherer. … Die Aktion verhilft den armen Familien zu menschenwürdigen Wohnungen, in denen sie leben können, und die antiken Häuser bleiben stilgerecht erhalten, so dass sie in wenigen Jahren ein Teil des kulturellen und geschichtlichen Erbes der Stadt Bethlehem sein können".

Die Mauer

„Zu Bethlehem geboren" … Eine junge Christin aus Bethlehem berichtete im Jahre 2006 über die Lage in Bethlehem: „Ein Christ zu sein, der in derselben Stadt wie Jesus geboren wurde, ist ein wunderbares Gefühl. Ich fühle mich gesegnet. Ich fühle mich näher bei Jesus. Aber zugleich ist dies eine große Herausforderung. Die Okkupation tötet die Stadt und zwingt die Einwohner zur Auswanderung irgendwohin. … Seit dem Ausbruch der Intifada im Jahre 2000 wanderten rund 350 Familien von Bethlehem, Beit Jala und Beit Sahour in andere Länder der Welt aus. … Wir sind eine Minderheit, wir fühlen uns wie in eine Falle geraten zwischen den Israelis und unseren palästinensischen muslimischen Bürgern, die leider zu Extremisten werden. ... Wir fühlen uns vergessen von der internationalen christlichen Gemeinschaft, die immer noch nicht weiß, dass wir existieren. Es ist wichtig, dass wir in Bethlehem leben! Wir sind die lebendigen Steine dieses Heiligen Landes – aber es wird schwerer jeden Tag!"

Der entscheidende Grund dafür ist die sogenannte israelische Sicherheitsmauer. Durch die 8 m hohe Mauer wird Bethlehem von seiner lebensnotwendigen Verbindung mit dem nur 10 km entfernten Jerusalem abgeschnitten. Die auf palästinensischem Boden errichtete Mauer trennt aber ebenso manche Bewohner Bethlehems von ihren eigenen Olivenbäumen, die ihre Existenzgrundlage waren.

Die Hauptstraße nach Bethlehem ist im Verlauf der Mauer durch ein Tor verschlossen, das nur bei besonderen Anlässen geöffnet wird; man kommt nur auf einem kleinen Umweg in die Stadt. Die Bewohner von Bethlehem benötigen für das Verlassen der Stadt eine besondere Erlaubnis, die sie nur schwer bekommen. Für sie ist Bethlehem wie ein großes Gefängnis geworden. Die Kirchen (u. a. das Haus der Katholischen Aktion mit einem Sportzentrum oder die protestantische Kirche mit einem vielfältigen Angebot an Veranstaltungen) bieten viele Aktivitäten an, um diese Situation zu erleichtern.

Die Bewohner Bethlehems protestieren auf *ihrer* Seite der Mauer mit vielerlei Graffiti, in denen neben dem Protest auch manche Sehnsucht spürbar wird. Man liest: „Ich bin ein Berliner" oder: „The Wall Must Fall". Die erste Begegnung mit Bethlehem ist die Mauer!

Davon kann man nur träumen!

„Fröhliche Weihnachten!"

Die Friedenstaube wird gefressen

Die Geburtskirche – Zentrum von Bethlehem

Die griechisch-orthodoxe Geburtskirche in Bethlehem war bei allen Besuchen das erste religiöse Ziel, die wichtigste Begegnung in der Geburtsstadt Jesu. Eine Kirche über der Geburtsgrotte wurde erstmals unter Kaiser Konstantin errichtet und nach einer Zerstörung in der heutigen Gestalt von Kaiser Justinian im Jahre 540 wieder aufgebaut. Die Geburtsgrotte, zu der man hinuntersteigt, ist der überlieferte Ort der Geburt Jesu. Meist ist die Grotte von Pilgern aus aller Welt überfüllt. Als ich 2004 erstmals wegen der Olivenholzarbeiten in Bethlehem war, konnte ich ganz allein in der Geburtsgrotte beten. Aber dies machte mir auch bewusst, wie damals die Geburtsstadt Jesu von Pilgern gemieden wurde. In der benachbarten katholischen Katharinenkirche der Franziskaner feierte ich manchen schönen Gottesdienst mit und im Kloster nebenan sprach ich wiederholt mit den Patres.

Unweit hinter der Geburtskirche befindet sich die Milchgrotte mit einem alten Kloster und einer kleinen Kirche aus dem Jahre 1872. Nach der Legende hat Maria vor der Flucht nach Ägypten in dieser Grotte das Jesuskind gestillt. Als ein Tropfen der Milch auf einen Stein fiel, färbte sich dieser weiß. Ich besuchte gerne die so nahe Milchgrottenkirche und erlebte dort ein Stück Volksfrömmigkeit. Viele Mütter wallfahrten zur Milchgrotte und beten um ein Kind oder um eine glückliche Geburt. In einem Schaukasten sind Dankbriefe aus aller Welt zu sehen.

Ein besonderes Erlebnis ist der Empfang der Patriarchen der drei Kirchen, um in Bethlehem Weihnachten zu feiern. Am 24. Dezember wird der lateinische (katholische) Patriarch empfangen, am 6. Jänner der griechisch-orthodoxe und am 18. Jänner der armenische Patriarch.

Ich erlebte im Jahre 2005 den Empfang des griechisch-orthodoxen Patriarchen: Tausende Christen von Bethlehem und Pilger säumten die Straße und bevölkerten den Krippenplatz. Man staunt über die vielen farbenfrohen Pfadfindergruppen, die mit ihren Trommeln und Fanfaren dem Patriarchen und den kirchlichen und politischen Würdenträgern voranziehen und sie vom Tor der Sperrmauer, das für diesen Anlass geöffnet wird, zum Krippenplatz geleiten, wo der offizielle Empfang stattfindet. Bethlehem zeigt sich an diesen Tagen als frohe christliche Gemeinschaft, die sich der großen Würde bewusst ist, die Geburtsstadt Jesu zu sein!

Festlicher Einzug zur Weihnachtsfeier

Zahlreiche Kontakte ...

In den vielen Jahren blieb für mich genügend Zeit, um in Bethlehem Kontakte zu knüpfen: mit dem Bürgermeister, mit vielen Ordensgemeinschaften, im Zentrum der Katholischen Aktion, mit dem evangelischen Zentrum, mit den Direktoren der Schulen, mit Kindergärten, mit den Klöstern der Salesianer und Salesianerinnen Don Boscos im schönen Cremisan, mit dem Nonnenkloster Hortus Conclusus bei den Teichen Salomos. Von Bethlehem aus konnte ich auch das im Jahr 483 gegründete griechisch-orthodoxe Sabaskloster im Wadi Kidron besuchen. Hier lebte Johannes von Damaskus, der Verteidiger der Bilderverehrung.

... mit der katholischen Universität und dem Priesterseminar in Beit Jala

Die Universität wurde von Papst Paul VI. bei seinem Besuch des Heiligen Landes im Jahre 1964 gegründet, aber aufgrund der politischen Lage erst 1973 eröffnet. Die Leitung wurde den Schulbrüdern übertragen. In den folgenden Jahren wurde sie entsprechend den lokalen Bedürfnissen großzügig ausgebaut. Sie wird vor allem durch Spenden finanziert. Wiederholt wurde sie vom israelischen Militär geschlossen. Im Studienjahr 2016/17 waren mehr als 3000 Studierende inskribiert, davon ca. 70 % Muslime. Sie ist der größte Arbeitgeber der Region.

Bei einem Besuch in Bethlehem war ich Gast in der Universität und konnte mich von der großartigen Einrichtung, die für das Miteinander von Christen und Muslimen von höchster Bedeutung ist, überzeugen. „Eine Insel der Stabilität in einem Meer von Gewalt, also ein Symbol der Hoffnung für eine Zukunft in Solidarität" (Bruder Vinzenz).

Im Seminar in Beit Jala werden die katholischen Priester für das Heilige Land und Jordanien ausgebildet. Im Jahre 2011 beherbergte es 28 Seminaristen, wobei Dreiviertel aus Jordanien waren. Ich fragte Rektor Louis Hazboun, ob diese Zahl genüge? „Wir haben jedes Jahr zwei oder drei Priesterweihen für ungefähr 70.000 Gläubige; Gott sei Dank sind wir gesegnet mit Seminaristen". Sie müssen neun Jahre studieren: ein Vorbereitungsjahr, Philosophie und Theologie, ein Jahr Französisch und ein Praktikum; Kurse für Islamistik und Judaistik sind inbegriffen. Meine letzte Frage betraf die Hoffnung des Rektors auf Frieden. Er antwortete: „Ich wurde 1948 geboren, im Jahr des ersten Krieges zwischen Israelis und Palästinensern. Seither sagen wir jedes Jahr: ‚Wir hoffen nächstes Jahr'. Jetzt bin ich 62 und sehe keinen Frieden. Aber ich hoffe, dass ich ihn trotz allem noch erleben werde".

Studenten vor der Bethlehem-Universität *Fenster in der Kirche des Priesterseminars*

Jerusalem – Stadt des Friedens

Bethlehem erreicht man nur über Jerusalem, wo ich bei jedem Besuch im Österreichischen Hospiz wohnte und außer Gesprächen mit der damaligen Präsidentin der Caritas Jerusalem, Frau Claudette Habesch, keine weiteren Verpflichtungen hatte. Ich nutzte die Gelegenheit vor allem zum Besuch der Grabeskirche und der vielen Sehenswürdigkeiten.

Der Fotoapparat war mein ständiger Begleiter. Wie lange wartete ich doch in der Grabeskirche vor der Grabkapelle (Ädikula), um ein Foto von ihrem Inneren zu machen! Eine große Gruppe wartete, um zu dritt oder zu viert für kurze Zeit den kleinen Raum zu betreten. Ein Mönch saß in der Kapelle und bewachte sie. Endlich war die Gruppe fertig – und der Mönch verließ seinen Posten. Nun kam die Reihe an mich. Den Fotoapparat hatte ich bereits gerichtet, ich betrat den inneren Raum und konnte in aller Ruhe ein Foto machen: mit der Steinplatte, auf welcher der Leichnam Jesu gelegen hatte, mit einer Ikone von der Auferstehung im Hintergrund, mit brennenden Kerzen und mit blühenden Gladiolen. Mein schönstes Foto, das ich jemals gemacht habe, weil es von jenem Ort ist, wo durch die Auferstehung Jesu die Welt wirklich aus den Angeln gehoben wurde.

Es ist überflüssig, die Besuche der bekannten Sehenswürdigkeiten Jerusalems zu erwähnen. Aber einer meiner Freunde wohnte im Patriarchat. Diese Gelegenheit nutzte ich, um wiederholt dem Lateinischen Patriarchen Michel Sabbah und seinem Nachfolger Fouad Twal zu begegnen und mit ihnen die Lage der Christen im Heiligen Land zu besprechen. Sie waren dankbar für meine Unterstützung der Christen und ermunterten mich zu weiterer Arbeit.

Mit der Caritas Jerusalem lernte ich einige Orte in Palästina kennen. So besuchte ich in Deir Jenin im Norden Palästinas Einrichtungen der Caritas und auch ein altes Haus, das saniert wurde. Aber in Erinnerung blieb mir vor allem, wie die Palästinenser bei einer Kontrolle am Land vom israelischen Militär behandelt werden: Obwohl zu beiden Seiten des Kontrollpostens lange Autoschlangen warteten, wurde nur jeweils eine Seite abgefertigt und bis zur Kontrolle der entgegengesetzten Seite eine Pause eingelegt. Die Männer näherten sich einzeln mit auseinander gehaltenem Rock den beiden Posten, von denen einer seine MP auf ihn richtete, während der andere kontrollierte. Dasselbe geschah auch bei mir, nur dass ich bewusst meinen Anorak geschlossen hielt und der eine Polizist die MP doch etwas wegdrehte als er merkte, dass ich ein Ausländer bin. Die Palästinenser werden Tag für Tag gedemütigt!

In der Ädikula: Ort der Auferstehung

Taybeh, das Efraim der Bibel

Die Begegnung mit dem katholischen Pfarrer von Taybeh, Fr. Raed Abusahlia, sollte nicht ohne Folgen bleiben. Taybeh liegt ca. 30 km nordöstlich von Jerusalem und ist das einzige völlig christliche Dorf Palästinas mit etwa 1500 Einwohnern. Jesus zog sich vor dem Leiden nach Efraim zurück (Joh 11,54), das man mit Taybeh identifiziert. Die Christen verteilen sich auf die lateinische (katholische), die griechisch-orthodoxe und die griechisch-katholische Kirche.

Im katholischen Pfarrhaus von Taybeh wurde ich herzlich aufgenommen. Pfarrer Raed feierte in seiner Kirche mit der Gemeinde einen unglaublich lebendigen Gottesdienst, geführt von einer Schola Jugendlicher.

Alte Olivenbäume bei Taybeh

Durch Pfarrer Raed ernte ich bald die sozialen Einrichtungen kennen, die er aufgebaut hatte: eine medizinische Ambulanz, ein Seniorenheim, eine Pilgerherberge, ein Geschäft für im Ort erzeugte Waren, ein kleines Museum mit historischen Gegenständen, eine Werkstätte für Tonwaren und sogar eine Brauerei, die jedoch privat geführt wird.

Das Faszinierendste aber war die Produktion von Olivenöl und Olivenölseife. Die Berghänge um Taybeh sind übersät von Olivenbäumen; entsprechend viel Öl und Seife wurden erzeugt und in viele Länder versandt. Durch diese Aktivitäten verschaffte der Pfarrer vielen Menschen ein Einkommen und brachte Hoffnung in das Dorf. Am Monatsende musste er 70 Angestellte auszahlen.

Father Raed wurde im Jahre 2013 zum Direktor der Caritas Jerusalem ernannt. Im Jahre 2017 bevorzugte er wieder die Seelsorge in einer Pfarre in der Nähe von Nazareth.

Blick auf Taybeh

In Jordanien

Von Bethlehem aus verbrachte ich im Mai 2010 einige Tage bei Freunden in Jordanien. Am israelischen Grenzposten muss man den für Israel verwendeten Pass verschwinden lassen und den Jordaniern einen Pass ohne israelischen Stempel vorweisen. Diese Ordnung gilt in Israel und in allen arabischen Staaten.

Der Norden Jordaniens in Richtung syrische Grenze ist landschaftlich faszinierend schön. In der Kirche des christlichen Dorfes Anjara traf ich erstaunlich viele Beter an. Eine Ordensfrau zeigte mir eine Marienstatue hinter Glas, in deren Gesicht sie wiederholt Tränen gesehen habe, die medizinisch untersucht und als solche bestätigt wurden.

Am Berg Nebo

Man kann darüber denken, wie man will, aber ist es nicht wirklich zum Weinen, was in den folgenden Jahren in den Ländern des Orients geschehen sollte?

Einen tiefen Eindruck hinterließ eine Fahrt auf den Berg Nebo mit dem Blick ins Jordantal, auf das Tote Meer und Jericho. Mose erhielt die Weisung, auf den Berg Nebo zu steigen, um das versprochene Land zu sehen und dort auch zu sterben.

Ebenso beeindruckend war der Besuch der Taufstelle am Jordan, wo Johannes taufte. In einiger Entfernung wurden in den vergangenen Jahren von einigen Konfessionen Kirchen errichtet, so dass ein religiöser Bezirk entstand.

Überaus interessant war ein Gespräch mit dem Korrespondenten von Radio Vatikan und Medienfachmann Fr. Ri'at Bader in der Herz Jesu-Pfarre in Na'or am Rande von Amman.

Taufstelle am Jordan

Zedernwald oberhalb von Bcharre

LIBANON

Im Land der Zeder

Der Libanon – ein Kleinod des Orients

Der Libanon ist ein schönes Land! Es hat seinen Namen vom Gebirge, das ihn in der Mitte von Nord nach Süd mit einer Höhe von über 3.000 m mit schneebedeckten Gipfeln durchzieht und das Land in zwei Teile teilt: Der Westen wird geprägt von den Wassern des Mittelmeeres und dem bevölkerungsreichen Küstenstreifen und dem ansteigenden, von Tälern mit kleinen Flüssen durchzogenen Hügelland. Östlich vom Libanongebirge liegt die weite Bekaaebene mit dem Antilibanon-Gebirge gegenüber, das weithin die Grenze zu Syrien bildet. So ist die libanesische Landschaft überaus abwechslungsreich und bietet viele Sehenswürdigkeiten. Im Norden und Osten grenzt der Libanon an Syrien, im Süden an den Staat Israel. Der Libanon wurde die *Schweiz des Orients* genannt, ein Vergleich, der für die Schönheit der Landschaft noch gelten kann, sonst aber gründlich überholt ist!

Der Libanon ist ein kleines Land mit 10.452 km^2 (Vergleich: Oberösterreich hat 11.982 km^2), hat aber etwa 6 Millionen Einwohner, die zu Christen, Sunniten, Schiiten, Drusen und anderen Volksgruppen gehören. Gegenwärtig (2018) ist der Libanon von palästinensischen, syrischen, irakischen und anderen Flüchtlingen überflutet.

In dem kleinen Land gibt es 18 verschiedene Religionsgemeinschaften. Auch die Christen gehören verschiedenen Konfessionen an: Die Maroniten bilden die größte Gruppe; es folgen die griechisch-orthodoxen, melkitischen und armenischen Christen. Durch den Bürgerkrieg veränderte sich die Lage zu Ungunsten der Christen. Dennoch sind der hohe Bevölkerungsanteil und die daraus resultierende Stellung der Christen in der Gesellschaft für den Orient einzig, so dass der Libanon als Modell für das Miteinander von Christen und Muslimen gilt. „Der Libanon ist mehr als ein Land, er ist eine Botschaft" (Papst Johannes Paul II.).

Im Libanon kann man eine vitale Kirche erleben in der Feier der Liturgie, in den zahlreichen karitativen Einrichtungen, in den vielen christlichen Schulen. Die große Sorge ist die Auswanderung der jungen Generation hauptsächlich aus wirtschaftlichen Gründen.

Der Libanon und der Bürgerkrieg

Im jahrelangen Bürgerkrieg (1975-1990) kämpften die verschiedenen Fraktionen der Libanesen, aber auch die benachbarten Länder Syrien und Israel gegeneinander. Im Nachhinein wurde oft gefragt, wofür eigentlich der hohe Blutzoll und der wirtschaftliche Niedergang riskiert wurden. Das Abkommen von Taif (Saudi-Arabien) beendete 1989 den Krieg und legte die Zahl der Parlamentarier je zur Hälfte für Christen und Muslime fest.

Die syrische Armee zog sich erst 2005 aus dem Libanon zurück. Die Grenze zwischen den beiden Ländern blieb weiterhin sehr durchlässig. Im Libanon arbeiten viele Gastarbeiter aus Syrien, und für Flüchtlinge ist er leicht erreichbar.

Wiederholt griff Israel in die Auseinandersetzungen ein und besetzte das Land im Süden. Auch nach dem Bürgerkrieg war der Libanon wiederholt von Krisen betroffen.

Das zerstörte Beirut

Beirut – Stadt der Vielfalt

Wie alle Meerhäfen der Phönizier ist die Altstadt von Beirut eine Halbinsel, die man mit Segelschiffen vom Norden und vom Süden erreichen konnte. Vor der Stadt liegen die beiden kleinen Felseninseln, die Taubengrotten, ein Wahrzeichen für Beirut, für mich ein herrliches Fotomotiv! In Beirut ergaben sich nur wenige prägende Begegnungen, die den Zielen der *Initiative Christlicher Orient* entsprachen, dafür umso mehr Besichtigungen der Stadt.

Meine erste Begegnung mit Beirut unmittelbar nach dem Bürgerkrieg 1991 war erschütternd: Das Zentrum der Stadt lag noch in Trümmern. Der Generalvikar von Homs/Syrien hatte mich eingeladen, von dort aus das syrisch-katholische Patriarchat in Beirut zu besuchen. In der unmittelbaren Nachbarschaft des Patriarchats waren gewaltige Zerstörungen zu sehen. Ich begegnete Patriarch Ignatius Antoine II. Hayek in Beirut, eine beeindruckende Persönlichkeit. Ich erinnere mich gerne an diesen ersten Patriarchenbesuch im Orient.

Es war mir ebenso eine Freude und Ehre, wiederholt dem armenischen Katholikos von Kilikien Aram I. an seinem Sitz in Antelias, das einige Kilometer nördlich von Beirut liegt, zu begegnen. Seine hohe Bildung, seine ökumenische Einstellung und sein Interesse an meinen Bemühungen um die Christen im Orient führten zu wertvollen Gesprächen. Mit diesen Treffen war selbstverständlich der Besuch der Kathedrale, die Gregor dem Erleuchter geweiht ist, und des Martyrions mit den Gebeinen von Opfern des Völkermordes an den Armeniern verbunden. Eine ergreifende Stätte des Gedenkens!

Am 29. Jänner 2000 wurde ich vom Präsidenten der Syriac Universal Alliance, Habib Ephrem, zu einer besonderen Ehrung nach Beirut eingeladen. Der unmittelbare Anlass dafür war die vorausgegangene Veröffentlichung meines Bildbandes über den Tur Abdin. Vor einer Versammlung wichtiger Persönlichkeiten aus Kirche, Politik und Kultur im Gibran Khalil Gibran Saal wurde mir „in Anerkennung der großen Verdienste und Achtung des syrischen Volkes und seines Erbes" eine Ehrenplakette überreicht. In den Ansprachen wurden die Bedeutung des Tur Abdin und dessen kulturelles Erbe betont und ebenso meine jahrelangen Bemühungen um die dortigen Christen gelobt. Diese Ehrung hat mich gefreut, aber recht wohl habe ich mich in diesem Kreis der Beiruter Hautevolee nicht gefühlt.

Eine andere Begegnung war mir sehr wertvoll: Samir Khalil Samir SJ, Professor der St. Josephs Universität und hervorragender Kenner des Islam. Er wurde wiederholt von der *Initiatve Christlicher Orient* zur jährlichen Tagung in Salzburg eingeladen, aber es war ebenso eine Freude, ihm am primären Ort seines Wirkens öfters zu begegnen.

Taubengrotten

Gesehenes und Erlebtes in Beirut

Beirut zeigt im Zentrum sein muslimisches Gesicht: Auf seinem Hauptplatz, dem Platz der Märtyrer, ließ Ministerpräsident Rafiq B. Hariri im Jahre 2003 die sunnitische Mohammed al-Amin-Moschee bauen, die 2007 fertig gestellt wurde, doch zwei Jahre zuvor erlag der Präsident einem Attentat. Sie soll an diesem verkehrsreichen Platz zeigen, dass der Libanon ein muslimisches Land ist. Die vier 72 m hohen Minarette stellen die fünf christlichen Kirchen in der unmittelbaren Umgebung mit ihren bescheidenen Türmen in den Schatten!

Die am Ende des 19. Jahrhunderts erbaute maronitische St. Georgskathedrale fügt sich zwischen den Häusern gut ein. Unterhalb der maronitischen Kathedrale stehen zwei sehenswerte Kirchen: die griechisch-orthodoxe St. Georgskathedrale, die älteste Kirche Beiruts, und die alte melkitische Kirche. Beide Kirchen wurden im Bürgerkrieg schwer beschädigt. Die zweite maronitische Kirche, die dem hl. Maroun geweiht ist, befindet sich am Platz der Märtyrer

und besticht durch ihre beiden schlanken Türme. In ihrer Nähe befindet sich die armenisch-katholische Kirche, die durch ihren unverkennbaren Baustil auffällt. Außer diesen Kirchen verweisen die vielen Kirchen in der Stadt auf die Vielfalt der christlichen Konfessionen.

Erwähnt sei noch die im Zentrum der Stadt gelegene griechisch-orthodoxe Dimitrioskirche, in der ich einmal Ostern mitgefeiert habe. Wie im orthodoxen Ritus üblich, wurde das Osterevangelium im Freien verkündet, in diesem Fall mitten in einem vor der Kirche gelegenen Friedhof. Überraschend war, dass nach der Verkündigung des Evangeliums von der Auferstehung Christi und dem Anzünden und Verteilen des Osterlichtes große farbenfrohe Luftballone in unglaublicher Menge in die Luft gelassen wurden. Orientalische Osterfreude! Anschließend folgte die österliche Eucharistie in der Kirche.

Griechisch-orthodoxe Osterfeier vor der Dimitrioskirche

Gast in der Heilig Geist-Universität in Kaslik/Jounieh

Die Küste des Mittelmeeres nördlich von Beirut ist dicht von Christen besiedelt. In Jounieh, ca. 15 km nördlich, befindet man sich im Zentrum vieler bedeutender Institutionen der maronitischen Kirche: u. a. Bkerké, Harissa, Heilig Geist-Universität in Kaslik. Die Stadt befindet sich auf einem schmalen Küstenstreifen, hinter dem die Berglandschaft von Harissa steil aufsteigt. Landschaftlich eine reizvolle Gegend, besonders durch den Blick auf das Mittelmeer.

Für mich wurde die Bekanntschaft mit Fr. Abdo Badwi, Professor für Christliche Kunst an der Heilig Geist-Universität in Kaslik, für die weiteren Besuche im Libanon, allein oder mit Gruppen, von großer Bedeutung. Ich konnte im Gästehaus der Universität oder im Kloster bei der Kirche Maria vom Siege in Harissa wohnen und lernte mit ihm den Libanon kennen. Ihm schulde ich Dank für die herzliche Gastfreundschaft, für die viele Zeit, die er mir schenkte, und für die Begegnungen mit Menschen und Sehenswürdigkeiten.

Die 1961 errichtete Heilig Geist-Universität der Maroniten hat 10 Fakultäten mit über 7.000 Studenten, von denen ein großer Teil Muslime sind. Ich habe die Universität als überaus lebendigen und sympathischen Ort erlebt, genoss die Gastfreundschaft vieler Professoren und fühlte mich in dieser akademischen Atmosphäre keineswegs fremd.

In der Nähe der Universität befindet sich unterhalb eines steilen Felsens ein Georgs-Heiligtum. In Ufernähe des Mittelmeeres liegt ein großes Wasserbecken, das durch einen Springbrunnen belebt wird. Unmittelbar neben diesem Teich steht eine Kapelle, und in ihrer Nähe ist eine mit Quellwasser gefüllte Grotte, zu der ein paar Stufen hinunter führen. Nach einer mündlichen Überlieferung soll hier der hl. Georg mit dem Drachen gekämpft und die Königstochter aus seiner Gewalt befreit haben. Er mag anderswo die Königstochter gerettet haben, hier ist jedenfalls ein angemessener Ort für diesen Kampf gegen das Böse. An diesem überaus schönen Platz trifft man immer wieder Beter, die den hl. Georg verehren und Wasser aus der Quelle schöpfen.

Heilig Geist-Universität in Kaslik

Abdo Badwi und die Erneuerung der syrischen Ikonografie

P. Abdo Badwi, Professor für Christliche Ikonografie, Kunstgeschichte und semitische Sprachen an der Heilig Geist-Universität (USEK) in Kaslik, verdanke ich nicht nur die gründliche Kenntnis des Libanon und die Unterstützung bei den Besuchen, sondern auch eine Beziehung zur Kunst im Libanon und insbesondere zu seinem Schaffen für die Erneuerung der traditionellen syrischen Ikonografie. Ich danke ihm herzlich für diese Begegnungen!

In vielen Kirchen im Libanon ist der starke westliche Einfluss spürbar. Auch in alten Kirchen hängen Bilder westlicher Art wie Fremdkörper, durch welche die schlichten Kreuze verdrängt wurden. Abdo Badwis Anliegen ist die Erneuerung der syrischen Tradition, wie sie in den Miniaturen des Rabbula-Evangeliars aus dem 6. Jahrhundert vorliegt. Diese Miniaturen heben sich durch die klaren Linien von byzantinischen Ikonen deutlich ab, sind lebendiger und bewegter. Ein weiteres Zeugnis syrischer Kunst sind die Fresken aus dem 10. bis 16. Jahrhundert, ebenso charakteristisch durch die einfachen Linien und einen naturalistischen Trend.

P. Abdo Badwi schließt an die alte Tradition an und versucht, die Tradition in zeitgemäßer Formgebung zu erneuern. Letztlich ist sein Schaffen ein Weg, die eigene Identität zu finden und zu festigen, wie dies in der Erneuerung der maronitischen Liturgie geschehen ist. Dabei ist ein gewisser Höhepunkt seiner künstlerischen Tätigkeit die Gestaltung von 40 Ikonen zum maronitischen Kirchenjahr. Es kann hier nicht sein umfassendes Werk dargestellt werden.

Vom 30. September bis 7. Oktober 2004 wurden die erwähnten 40 Ikonen in der Krypta der Karmelitenkirche in Linz ausgestellt und durch ein musikalisches Programm des Al Hardini Chores der Kaslik Universität ergänzt. Anwesend war auch der syrisch-orthodoxe Erzbischof Gregorius Yohanna Ibrahim aus Aleppo. Er sagte: „Das war für mich ein historischer Tag!"

Weihnachtsikone

Kreuzigung

Ausstellung in Linz mit Abdo Badwi

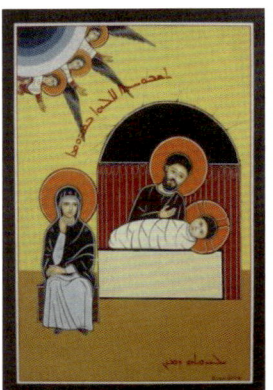

Himmelfahrt

Muttergottes

Erzbischof Gregorius Y. Ibrahim bei der Ausstellung in Linz

Audienz beim maronitischen Patriarchen

Oberhalb von Jounieh, etwa auf halbem Weg nach Harissa, liegt etwas abseits von der Straße in Bkerke das Patriarchat der Maronitischen Kirche. Mit dem Gebäude ist eine verhältnismäßig kleine Kirche verbunden, weshalb man auf dem Platz gegenüber dem Patriarchat eine offene überdachte Möglichkeit zur Feier mit großen Menschenmengen geschaffen hat.

Für die Gruppen, mit denen ich den Libanon besucht habe, war es mir ein Anliegen, dem maronitischen Patriarchen Nasrallah P. Sfeir zu begegnen, der auch in politischer Hinsicht einen großen Einfluss hatte. P. Abdo Badwi vermittelte gerne die Audienzen. Es waren immer unkomplizierte Begegnungen, wobei der Patriarch eine überzeugende Herzlichkeit ausstrahlte. Er sprach meist über die gegenwärtige religiöse und politische Lage im Libanon, erkundigte sich über die Gruppe, und ich erzählte kurz über unsere Bemühungen um die Christen im Orient. Ein Fernsehteam begleitete die Audienzen und brachte am folgenden Abend einen Bericht im maronitischen Sender Télé Lumière. Ein Gruppenfoto und der Segen des Patriarchen beendeten jeweils die Audienzen.

Patriarch Nasrallah P. Sfeir

Im März 2011 wurde Béchara Petrus Rai von der Synode der Maronitischen Kirche zum Patriarchen gewählt und später in sein Amt eingeführt.

Ich besuchte mit Fr. Abdo Badwi viele maronitische Mönchs- und Schwesterngemeinschaften. Ich erwähne nur das Generalat des Libanesisch-maronitischen Ordens in Metn und das Seminar in Ghazir. Überall wurde ich herzlich aufgenommen, wir besprachen ihre Aufgaben und Probleme oder saßen gemütlich beisammen. Weit oben in den Bergen verbrachte ich öfter im Sommerhaus der Maroniten eine Nacht. An der Küste ist es im Sommer heiß und schwül, deshalb ziehen es viele Libanesen vor, den Sommer in höheren Lagen zu verbringen.

Das maronitische Patriarchat in Bkerke

Harissa: „Unsere Liebe Frau vom Libanon"

Oberhalb von Jounieh, bereits auf über 600 m Seehöhe, fasziniert die neue Basilika „Unsere Liebe Frau vom Libanon", die wie ein Schiff der Phönizier in das Land schaut, zusammen mit der 8,5 m hohen Marienstatue aus Bronze, die ihre Hände über Jounieh ausbreitet. Sie wurde 1908 errichtet. Man steigt gerne die Stufen zu ihr hinauf und genießt den wunderbaren Blick auf Jounieh und das Mittelmeer. Das ganze Jahr hindurch, vor allem aber im Mai, pilgern zahlreiche Christen, aber auch Muslime zu diesem Heiligtum des Libanon.

In der Basilika, die 1990 eingeweiht wurde, finden die großen Feierlichkeiten der Maroniten statt. Ich habe sie einmal bei einer Bischofsweihe erlebt, wobei mir der kahle Bau, gesteckt voll mit Gläubigen, gut gefallen hat. Aber ehrlich gesagt, hat mich die Anlage weniger zum Beten als zum Fotografieren angeregt.

In Harissa und Umgebung befinden sich viele kirchliche Institutionen: in unmittelbarer Nähe zur maronitischen Basilika die Basilika St. Paul der Melkiten, etwas weiter den Berg hinauf die Nuntiatur, in Charfeh das Seminar und der Sommersitz der syrisch-katholischen Patriarchen und die Kirche „Maria vom Siege" mit dem schon genannten Kloster der Maroniten. Fährt man noch weiter den Berg hinauf, kommt man auf 900 m Seehöhe zum armenisch-katholischen Patriarchat in Bzommar, das sich wiederum in einer herrlichen Lage befindet. Das Patriarchat beherbergt ein kleines Museum, das vor allem dem Andenken an den seligen armenisch-katholischen Erzbischof Ignatius Mayolan von Mardin gewidmet ist. Viele christliche Armenier flüchteten nach dem Genozid 1915 von der Türkei in den Libanon.

Bei Gruppenreisen waren die Heilig Geist-Universität in Kaslik, das Patriarchat in Bkerke und Harissa lohnende Ziele. Neben dem Besuch des Heiligen Tales und den Stätten der drei neueren maronitischen Heiligen wurde doch eher das antike Kulturerbe besucht: Biblos, eine der ältesten Kulturstätten der Welt, die römischen Ruinen der Tempelanlage von Baalbek, der Omayyadenpalast von Anjar, der Palast des Emirs von Beiteddine bei El-Kamar. Altes Kulturerbe erlebte man in Beirut, Sidon, Tyrus und in Tripoli. Die bezaubernden Naturschönheiten des Libanon, der Zedernwald, die schneebedeckten Berge, die Jeitagrotten waren ein Erlebnis!

Basilika und Statue „Unsere Frau vom Libanon"

Bei den maronitischen Heiligen aus jüngster Zeit

Drei Heilige der neueren Zeit prägen die Frömmigkeit der Maroniten: Charbel, Rafka und Hardini. Auf sie vertraut man in den gegenwärtigen Schwierigkeiten des Landes. Ihren Bildern begegnet man in vielen Kirchen der Maroniten, Zeugnisse ihrer tief verwurzelten Verehrung.

Heiliger Charbel

Wenn es mir um Begegnungen geht, dann bin ich im Libanon wiederholt dem heiligen Charbel Makhlouf begegnet. Er wurde 1828 in Beqaakafra geboren, dem oberhalb von Bcharre höchstgelegenen Dorf des Libanon auf 1800 m Seehöhe. Sein Geburtshaus ist heute eine Gebetsstätte. Er verließ 1851 das Elternhaus und trat in den Maronitenorden ein, wurde Priester und wirkte die längste Zeit im Kloster des hl. Maroun in Annaya. 23 Jahre lebte er in Gebet und strenger Askese in einer Einsiedelei oberhalb von Annaya und starb dort am Heiligen Abend 1898. Er wurde beim Kloster in Annaya beigesetzt. Viele Wunder begleiteten sein Leben und ereigneten sich nach seinem Tod. 1977 wurde er heiliggesprochen. Ergreifend die vielen Beter an seinem Sarkophag in Annaya oder in seiner Einsiedelei!

Sarkophag des hl. Charbel   *Im Geburtshaus*

Maronitisches Kloster in Annaya

Heilige Rafka

Zu den eindrucksvollen Stätten gehört die Kapelle mit dem Steinsarkophag der heiligen Rafqa Pietra Choboq Ar-Rayès im Kloster der maronitischen Schwestern in Kiffané. Sie lebte von 1833 bis 1914 in verschiedenen klausurierten Klöstern. Ihr besonderes Glaubenszeugnis legte sie in ihrer 29-jährigen schweren Krankheit ab, in der sie bewusst dem leidenden Jesus nachfolgte. Sie erblindete, ihr Körper war von Schmerzen gequält und dennoch lebte sie in Anbetung und Hingabe. Wurde sie durch ihr Leiden dem maronitischen Volk ähnlich? 2001 wurde sie heilig-gesprochen.

Sarkophag der hl. Rafka   *Hl. Rafka*

Heiliger Hardini

Die dritte maronitische Heiligengestalt, die im Libanon hochverehrt wird, ist der heilige Nima-tullah al-Hardini, der von 1808 bis 1858 ein Leben in Arbeit und Anbetung geführt hat. Er trat mit 20 Jahren in den maronitischen Orden ein, lernte den Beruf des Buchbinders, wurde aber nach seiner Priesterweihe zum Professor berufen, dessen Schüler auch der heilige Charbel war. Dreimal ernannte man ihn zum Generalassistenten des Ordens. Sein Sarkophag aus Zedernholz und geschmückt mit dem Bild einer Zeder befindet sich im Kloster der heiligen Cyprian und Justin in Kfifane. Er wurde 2004 heiliggesprochen.

Konvent von Kfifane   *Sarkophag des hl. Hardini*

Begegnung mit dem Erbe abgelegener alter Kirchen

Das reiche Erbe an alten Kirchen erlaubt es nicht, die Vielzahl zu beschreiben, der ich begegnet bin. Aber mit Fr. Abdo Badwi lernte ich einige Kirchen kennen, die sich in den abgelegenen Tälern der libanesischen Hügellandschaft befinden. Ihre Kenntnis war mir wertvoll, weil mich diese Kirchen an den Tur Abdin erinnert haben. Tatsächlich wurde manche von ihnen von syrisch-orthodoxen Christen erbaut und später von den Maroniten übernommen. Das Jahr ihrer Errichtung ist meist unbekannt. Die Begegnung mit alten Kirchen macht das Erbe bewusst, das die Christen geschaffen und in dem sie gebetet und gefeiert haben. Ich möchte wenigstens drei Kirchen vorstellen, denen man nur abseits von den Touristenrouten begegnet.

Smar Jbeil bei Batroun ist eines der ältesten Dörfer im Libanon und wurde von den Maroniten bei ihrer Flucht in die Berge übernommen. Im Dorf befindet sich die Kirche des hl. Nohra, eines Märtyrerpriesters aus Ägypten. Die Kirche wurde schon von den Kreuzrittern renoviert. Um 1800 wurde über dem Eingang eine Kette angebracht, die aus einem einzigen Stein gemeißelt wurde. Nebenan steht eine ältere Marienkirche.

Notre Dame d'Ilige in Mayfouk liegt oberhalb von Biblos in etwa 1000 m Seehöhe in einer bergigen Landschaft. Von 1120 bis 1440 residierten hier 16 maronitische Patriarchen, bis sie wegen der Sicherheit vor den Osmanen in das Kloster Qannubin im Heiligen Tal übersiedelten. Für die Maroniten ist dies der wichtigste Patriarchensitz in ihrer Geschichte. Darauf weist eine Inschrift in Estrangelo hin. Die Ikone Notre Dame d'Ilige wird viel verehrt.

Die Kirche des hl. Charbel in Maad Jbeil aus dem 10. Jahrhundert ist bekannt wegen ihrer reichen Ausstattung mit Fresken aus der Erbauungszeit mit der Darstellung vieler Heiliger. Diese Fresken sind ein Hinweis auf die Ausgestaltung der Kirchen mit Malereien im 10./11. Jahrhundert. Sie erinnern an das Kloster Mar Musa in Syrien. Auch diese Kirche ist von syrisch-orthodoxen Christen erbaut worden.

Qadisha – das Heilige Tal

Das Qadisha Tal, das Heilige Tal, liegt im Bergland des Nordlibanon. Es teilt sich nach Westen hin in zwei Täler: das nördliche Tal wird geprägt vom Kloster des hl. Antonius von Qozhaya, das südliche Tal vom Kloster Qannubin. Ich möchte mich auf diese zwei Klöster beschränken, die auch gegenwärtig bedeutsam sind. Das Qadisha Tal ist das alte Zentrum der libanesischen Kirche: Von 1440 bis 1823 residierten im Kloster Qannubin die maronitischen Patriarchen. Seit 1998 gehört das gesamte Qadishatal zum Weltkulturerbe der UNESCO.

Das Kloster Antonius Qozhaya

Dieses Kloster kann vom Westen mit dem Auto erreicht werden. In dem tief eingeschnittenen Tal schmiegt es sich an die Felswand. Sein Ursprung liegt um das Jahr 1000. In den Anfängen trafen sich wöchentlich Einsiedler, die in nahen Höhlen hausten, im Kloster. Die Antonius dem Großen geweihte und beeindruckende Anlage liegt auf einer Seehöhe von 950 m. Vor dem Kloster befindet sich im Fels eine ausgedehnte Höhle. Auch die Kirche mit einem dreifachen Glockenturm ist zur Hälfte in den Felsen hineingebaut. Vom Platz vor der Kirche gelangt man ebenso zum Klostertrakt, von dem ich nur den großen Speisesaal kenne. Im Museum sind die älteste Druckerpresse des Libanon vom Jahre 1584 und andere kostbare Schätze zu sehen.

Beeindruckend ist auch die landschaftliche Umgebung: die Hänge mit den Terrassen für die Landwirtschaft, die vielen Obstbäume, der reiche Baumbestand mit Pinien, Eichen und Zedern.

Das Kloster Antonius Qozhaya ist durch das Noviziat das geistliche Zentrum des Libanesisch-maronitischen Ordens. Dem Kloster unterstehen auch zwei Einsiedeleien: St. Boula oberhalb von Qozhaya und „Unsere Liebe Frau von Hawqa" im Tal von Qannubin. Die Begegnung mit den Einsiedlern, die gebildet, einsam und doch ganz up to date sind, ist beeindruckend.

Eingang zur Kirche   *Druckerpresse*   *Blick in das Heilige Tal*

Antoniuskloster   *Einsiedelei St. Boula*

Das Kloster Qannubin

Das Kloster „Unsere Liebe Frau von Qannubin" erreicht man von Bcharre aus: Eine enge Straße führt steil hinunter ins Tal, dann fährt man zwischen einem reichen Baumbestand und steilen Felswänden den Bach entlang, der das Wasser von den schneebedeckten Bergen führt. Einige Bauten im Tal und verlassene Einsiedlerhöhlen erinnern an die alte Glanzzeit. Das letzte Stück des Weges muss man zu Fuß gehen, um Kloster und Kirche zu erreichen.

Hier wurde die erste klösterliche Gemeinschaft im Libanon gegründet. Der Name Qannubin leitet sich vom Griechischen Koinobiten ab. Die Kirche ist in eine Felsgrotte eingefügt und birgt Fresken aus dem beginnenden 18. Jahrhundert, unter denen die Krönung Marias hervorsticht. Über der Kirche befindet sich ein Raum mit einer Fluchtmöglichkeit, der den Patriarchen als Versteck gedient hat. In der Nähe des Klosters steht eine Kapelle, in der 18 Patriarchen nach syrischer Tradition sitzend bestattet sind. Unmittelbar daneben ist die Grotte der hl. Marina, die als Mann verkleidete Eremitin in Qannubin gelebt hat.

Das Kloster wurde erst in jüngster Zeit durch die Antonierschwestern wenigstens im Sommer wieder belebt. Damit ist für die vielen Menschen, die durch das Qadishatal wandern, eine Begegnungsstätte geschaffen worden. Jugendliche leben im Sommer in nahen Höhlen für kurze Zeit als Einsiedler und kommen in der Kirche zum Gebet zusammen. Ich habe mich immer gefreut, allein oder mit Gruppen, den mutigen Schwestern zu begegnen und ihnen zu helfen.

Auf dem Weg nach Qannubin *Fresko Krönung Mariens*

Die Kirche von Qannubin *Jugendliche in Qannubin*

Die Zeder – Symbol des Libanon

Schon die Phönizier und die Ägypter verwendeten Zedernholz aus dem Libanon für den Schiffsbau. Im Alten Testament wird die Zeder oft erwähnt: „Eine Zeder auf dem Libanon, prächtig war das Geäst, reichlich der Schatten, hoch der Wuchs und in die Wolken ragte ihr Wipfel" (Ez 31,3). Sie ist Sinnbild für Stärke, Größe und Schönheit. Der Palast König Davids war aus Zedernholz, und auch König Salomo verwendete es für den Bau des Tempels. Der Handel mit Zedernholz minderte die einst reichen Bestände, so dass heute nur noch kleine Zedernwälder vorhanden sind. Man begegnet ein Stück Libanon, wenn man den Zedern begegnet.

Einer der leicht zugänglichen Bestände liegt oberhalb des Heiligen Tales bei Bcharre in etwa 1700 m Seehöhe. Die schlanken hochgewachsenen Stämme wechseln ab mit jahrhunderte alten Zedern, die ihre Zweige wie Eichen ausbreiten. Sie haben die Zeiten überdauert, und dies wünscht man auch dem Libanon, der das rot-weiß-rote Wappen von Österreich übernommen, aber eine Zeder beigefügt hat.

Bcharre ist der Hauptort am östlichen Beginn der Heiligen Tales. Hier ist der libanesische Dichter Khalil Gibran (1883-1931) geboren und auch begraben. Er hat die Zeder ebenso gerühmt: „Die Neigungen des Herzens sind geteilt wie die Äste einer Zeder. Verliert der Baum einen Ast, so wird er leiden, aber er stirbt nicht. Er wird all seine Lebenskraft in den nächsten Ast fließen lassen, auf dass dieser wachse und die Lücke ausfülle".

Diese Region um Bcharre erinnert an viele eindrucksvolle und unvergessliche Begegnungen.

Blick auf Bcharre

Akkar – der unbekannte Norden

Wir gehen in den weniger bekannten Norden des Libanon, in die Region Akkar, eine reizvolle hügelige Landschaft mit einem reichen Waldbestand und genügend Wasser. Die Gegend mit weit verstreut liegenden Ortschaften ist dünn besiedelt. Der Ausgangspunkt ist Tripoli am Mittelmeer, die zweitgrößte Stadt des Libanon. Sie ist mehrheitlich muslimisch und besitzt einige bemerkenswerte Moscheen. Die Christen bilden eine Minderheit. In der Nähe von Tripoli liegt die bekannte griechisch-orthodoxe Balamand-Universität.

Über Halba erreicht man auf einer Nebenstraße das St. Georgs-Kloster in Deir Jenin des Libanesisch-maronitischen Ordens. Fr. Abdo Badwi führte mich in dieses abgelegene Kloster, dessen Steinmauern noch Jahrhunderte überdauern werden. Ich war gerne in diesem Kloster und saß vor dem Haus im Schatten eines großen Baumes. Von der Rückseite des Klosters schaut man in ein tiefes Tal mit einem Bach. Das Kloster stand 10 Jahre leer, weil die beiden Mönche und die meisten Einwohner des nahen Dorfes bei einem Überfall von schiitischen Terroristen ermordet wurden. Die Gräber der Mönche neben dem Kloster und ein Denkmal im Dorf erinnern an den schrecklichen Terrorakt. In der Umgebung des Klosters liegen fünf christliche Dörfer.

Die Pyramide von Hermel

Eine außergewöhnliche Fahrt führte mich in den äußersten Norden des Libanon, wo sich in einem tief eingeschnittenen Tal der Fluss Nahr dahinschlängelt, der die Grenze zu Syrien bildet. Dort befindet sich ein bescheidenes, aber damals bewohntes maronitisches Kloster. Wir besuchten kurz die Mönche, die sich in ihrer Abgeschiedenheit über die Begegnung mit Fr. Abdo Badwi und mir sehr freuten.

Anschließend fuhren wir durch eine überaus schöne und interessante Gegend vorbei an der höchstgelegenen Kirche des Libanon und an der sehenswerten Stadt Qoubaiyat, dem Hauptort des Akkar, der die größte Zahl an Christen in dieser Region hat. Das Ziel war Hermel mit seiner berühmten Pyramide und die Bekaa-Ebene.

Deir Jenin: St. Georgskloster

Eine Ölpresse für das Kloster Deir Jenin

Die Region Akkar ist für die gute Qualität der Oliven bekannt, weshalb auch das Olivenöl von Deir Jenin begehrt ist. Doch dessen Ölpresse war völlig veraltet. Eine moderne Ölpresse sollte dem Kloster eine neue Bedeutung für die Umgebung, für Christen und Muslime, geben. Die hohen Kosten wurden geteilt: das Kloster errichtete ein neues Gebäude und die *Initiative Christlicher Orient* kam für die Ölpresse auf, die um 35.000 Euro aus Italien beschafft werden musste.

Der 2007 gefasste Beschluss wurde durch die Lieferbedingungen für die Ölpresse, eine längere Sperre der Straße nach Deir Jenin wegen eines Aufstandes in einem Palästinenserlager in Tripoli und die Errichtung des neuen Gebäudes verzögert. Erst im November 2011 ging die moderne und vollautomatische Ölpresse in Betrieb und wurde durch den Generalsuperior des Ordens, P. Tannous Nehmeh, gesegnet. Hohe Ehrengäste nahmen an der Segnung teil, vor allem die österreichische Botschafterin im Libanon, Dr. Eva Maria Ziegler. Ich besuchte eigens den Libanon, um bei der Feier die *Initiative Christlicher Orient* zu vertreten. Es herrschte große Freude, besonders bei den jungen Mönchen und den Arbeitern aus dem Dorf.

Die Ölpresse kommt vielen Menschen zugute und belebt das Kloster Deir Jenin wieder. Der Generalsuperior sagte in seiner Ansprache: „Ich freue mich, Ihnen für alle Ermutigung und Hilfe zu danken, wodurch die Präsenz der Christen gestärkt wird. Mein Dank gilt dem verehrten Father Hans Hollerweger und allen Österreichern, die zur Errichtung der Ölpresse beigetragen haben".

Bild rechts: Botschafterin
Dr. Eva Maria Ziegler,
Superior P. Tannous Nehmeh,
Autor und Arbeiter

Kaiserin Maria Theresia und das Kloster Saydet el Haqleh

Im Kloster Saydet el Haqleh („Unsere Liebe Frau von den Feldern") in Dlepta/Kesrwan im Hügelland nördlich von Beirut läutete im Jahre 1767 der maronitische Mönch Sergius die Glocke so stark, dass sie zerbrach. Er erhielt von den Oberen die Erlaubnis, mit dem Schiff nach Triest und von dort nach Wien zu reisen und für eine neue Glocke Geld zu sammeln. Doch in Wien verstand ihn niemand. Sein armseliges Aussehen allein brachte ihm kein Geld ein.

Zu dieser Zeit erkrankte Maria Antonia, die jüngste Tochter Maria Theresias, die besser unter ihrem späteren französischen Namen Marie Antoinette bekannt ist. Die Ärzte konnten nicht mehr helfen. Ein Mann, der häufig am Hof verkehrte, sagte der Kaiserin, dass es einen orientalischen Mönch in der Stadt gibt, der alle Anzeichen der Armut und Frömmigkeit habe. Wenn sie ihm erlaube zu kommen, heile Gott vielleicht ihre Tochter auf dessen Gebet hin. Mönch Sergius kam und betete für das Kind – und es wurde gesund. Maria Theresia war von Dankbarkeit erfüllt, und die Begebenheit wurde am Hof und in der Stadt bekannt.

Die Kaiserin erkundigte sich nach dem Anlass seiner Reise, und der Mönch erzählte von seinem Missgeschick im Libanon und schilderte seine Lage. Daraufhin gab Maria Theresia den Auftrag, auf ihre Kosten eine Glocke anzufertigen.

Die angefertigte Glocke ähnelte keiner im Orient, denn ihr Klang war für die Ohren wie ein Lied, und ihr Nachklang brachte die Herzen zum Schwingen, so wird im Libanon erzählt. Mir wurde aber gesagt, dass im Jahr 1889 ein Blitz diese Glocke zerstört hat und durch eine im Libanon gegossene ersetzt werden musste.

Kaiserin Maria Theresia schenkte dem Mönch Sergius auch einen schönen Kelch und eine Monstranz, ebenso Kerzenleuchter, kostbare liturgische Kleider und andere wertvolle Gegenstände. Außerdem hatte er viel Geld geschenkt bekommen.

Aber der Mönch Sergius starb in Wien und ist auch in Wien begraben worden. Die Geschenke wurden nach seinem Tod an das Kloster im Libanon geschickt. So wird jedenfalls im Libanon erzählt

In der Sakristei des heutigen Frauenklosters Saydet el Haqleh konnte ich jedenfalls einen Kelch und eine Monstranz fotografieren, Geschenke Maria Theresias an den maronitischen Mönch Sergius. Welch eine köstliche Beziehung zu einem Kloster im Libanon!

Alle hier geschilderten Informationen erhielt ich beim Besuch des Frauenklosters Saydet el Haqleh. Aber auch in österreichischen Medien wird diese Begebenheit kurz erwähnt.

Monstranz   *Kelch*

In der Bekaa-Ebene: Baalbek

Das kulturelle Zentrum der langgestreckten Bekaa-Ebene zwischen den Gebirgszügen Libanon und Antilibanon ist Baalbek mit seinen mächtigen Ruinen aus der Römerzeit. Aber nicht diesen, sondern den Begegnungen mit den Christen galt mein Interesse. In Baalbek sind 80% der Bevölkerung Schiiten und 20% Christen, die sich auf die melkitische und die maronitische Diözese verteilen. Das Verhältnis zu den Muslimen war zur Zeit meiner Besuche gut. Das zeigte sich in der vom melkitischen Erzbischof Cyrille Salim Bustros (1988-2004, dann Bischof von Newton) geleiteten Mittelschule, in der unter ca. 1000 Schülern nur 10% Christen waren.

Waisenkinder

Die oftmalige herzliche Aufnahme in seinem Bischofshaus bleibt unvergessen. Bei einem Besuch fuhr er mit mir nach Jabboule in sein Priesterseminar, wo wir abends mit den Seminaristen im Freien beisammen saßen und die Maiskolben aßen, die sie am offenen Feuer brieten. Ebenso besuchte ich öfters das nebenan liegende Waisenhaus der Schwestern „Unserer Lieben Frau vom guten Dienst" für muslimische und christliche Waisenkinder, deren dunkle Augen und schwarze Haare ich nie vergessen werde. Die Schulen, karitativen Einrichtungen und Aktivitäten der beiden Diözesen beeindruckten.

Die melkitische Kathedrale ist der heiligen Barbara geweiht, die nach der Tradition in Baalbek von ihrem heidnischen Vater in einen Turm eingesperrt wurde und im 4. Jahrhundert den Martertod starb. Die alte Kathedrale von 1830 mit ihrer Decke aus Holzbalken faszinierte mich.

Nur 12 km westlich von Baalbek liegt die 1990 neu organisierte maronitische Diözese Baalbek-Deir El-Ahmar. Viele Maroniten wanderten über die Berge in die Bekaa-Ebene und siedelten an den Abhängen des Libanongebirges.

Alte melkitische Kathedrale

Umgebung von Baalbek

Von den Christen in Baalbek und Umgebung war ich sehr angetan: die herzliche Aufnahme, die vielen kirchlichen Einrichtungen, das intensive religiöse Leben der Jugend, die Schwestern vom guten Dienst. Die Ruinen der Tempel von Baalbek besuchen Scharen von Touristen aus der ganzen Welt. Aber die Christen würden sich freuen, wenn sie von christlichen Touristen besucht würden! Doch die Ruinen sind wichtiger, „denn die muss man gesehen haben!"

Viel Freude erlebte ich in den christlichen Dörfern nordöstlich von Baalbek: Jdeideh-el-Fike, Res Baalbek und Qaa, die ich in Begleitung eines Priesters und eines Jugendführers besuchte. Er sagte zu mir: „Wir sind arabische Christen, die hier seit den Zeiten der Urkirche verwurzelt sind, und wir haben eine Aufgabe für unsere arabischen Brüder zu erfüllen".

Es war schulfreier Tag, an dem Katechismusunterricht gehalten wird. Aber im ersten Dorf feierte eine Jugendführerin Geburtstag, bei dem es überaus fröhlich zuging. Ein großes Stück der Geburtstagstorte fiel auch für mich ab. Ich staunte über die große Kinderschar und wie lebendig und gut sie organisiert war.

Das Geburtstagskind

Kirche in Jdeideh el-Fike

Jugendführerinnen

Geburtstagsfeier

Orontes – der Fluss, der drei Länder verbindet

Wer die Christen in der Osttürkei (Antakya/Antiochien) oder in Syrien (Homs oder Hama) besucht, begegnet unwillkürlich auch dem Orontes. Er entspringt im Libanon nördlich von Baalbek in einem Karstgebiet und wird in seinem Ursprung vom Schmelzwasser des Libanon- und des Antilibanongebirges gespeist. Er überquert auf seinem 571 km langen Lauf zwei Grenzen und fließt durch Syrien und die Türkei. Er wechselt auch seinen Namen: Die Griechen nannten ihn Orontes, die Araber nennen ihn Nahr al-Asi, die Türken Asi Nehri.

Der Lauf des Orontes ist voller Abwechslung: In Syrien haben ihn nördlich von Homs schon die Römer zu einem kleinen See aufgestaut; er fließt durch Homs, ändert seine Richtung nach Norden und betreibt die berühmten Wasserräder von Hama; sein Wasser wird vielfach aufgestaut und zur Bewässerung der Felder verwendet; er ändert wieder seine Richtung und fließt nach Westen in die Türkei, dort südlich nach Antiochien, um schließlich bei Samandağ im Mittelmeer seinen Lauf zu beenden. Vieles hat sich im Laufe der Geschichte an seinen Ufern ereignet.

Aber wer kennt schon seinen Ursprung? Dorthin flohen die verfolgten Anhänger des hl. Maroun vor den „Jakobiten" und schufen am Orontesursprung ein Kloster als Zufluchtsstätte.

Felsenkloster der Maroniten

Orontesursprung

Im Südlibanon

Zurzeit Jesu bestand zwischen Palästina und dem heutigen Libanon keine Grenze; die Römer beherrschten die Region. An den Küsten des Mittelmeeres siedelten auch Juden, doch lebten hier vor allem die Phönizier. Die beiden Städte Tyrus und Sidon galten als heidnische Orte, reich geworden durch den Handel mit den Küstenstädten am Mittelmeer. Mit der muslimischen Eroberung und später nach dem Abzug der Kreuzritter verschwand weitgehend eine kirchliche Organisation, die erst im 17. Jahrhundert wieder errichtet wurde. Heute ist der Süden des Libanon weitgehend von Muslimen und Drusen bewohnt, aber es gibt christliche Enklaven, die ich wiederholt kennenlernte.

Bei den melkitischen Christen in Sidon und Umgebung

Die Hafenstadt Sidon (Saida) mit mehr als 200.000 Einwohnern liegt ca. 40 km südlich von Beirut. Von Mantara hat man einen eindrucksvollen Blick auf die Stadt, wobei im Vordergrund das große palästinensische Flüchtlingslager sichtbar ist. Mit dem Festland durch eine steinerne Brücke verbunden, liegt die Kreuzritterburg, die 1291 von ihren Erbauern verlassen wurde, aber heute ein Anziehungspunkt für Touristen ist. Versteckt in den engen Gassen des Souk befindet sich eine dem hl. Nikolaus geweihte alte Doppelkirche, die von den griechisch-orthodoxen und den melkitischen Gläubigen benützt wurde und mit sehenswerten Ikonen ausgestattet ist. Die Melkiten haben jedoch eine neue Kathedrale errichtet, in die ein altes Fußbodenmosaik übertragen wurde. Ich hatte viele Kontakte mit dem damaligen Erzbischof Georg Kwaiter (1987-2006), der dem Basilianerorden angehörte. Im Hinterland wurden im Bürgerkrieg viele Kirchen zerstört.

In der melkitischen Diözese, zu der ca. 20.000 Gläubige gehören, wirkt neben den Weltpriestern der Basilianerorden, der sein Zentrum im Kloster St. Sauveur östlich von Sidon hat. Es bestehen weitere Konvente in der Diözese und ein Priesterseminar. Die Mönche betreuen Pfarreien und Schulen. Auf Einladung von P. Joseph Saghbini wohnte ich kurze Zeit im Kloster St. Sauveur und besuchte mit ihm auch seine damalige Pfarrei, um mit seiner Gemeinde Gottesdienst zu feiern und den Menschen zu begegnen.

Blick von Mantara auf Sidon

Die Kreuzritterburg

Mantara – „Unsere Liebe Frau des Wartens"

Oberhalb von Sidon nahe der Ortschaft Maghduscha befindet sich das neue Wallfahrtszentrum Mantara mit der von weitem sichtbaren Marienstatue, die 1963 über einer Kapelle errichtet wurde. Die Basilika und der Weg mit Darstellungen der im Libanon geschehenen biblischen Ereignisse wurden 2003 eingeweiht. Doch Zentrum und Anlass für diese Bauten ist eine Höhle, mit der es eine eigene Bewandtnis hat.

In den Evangelien wird berichtet, dass aus dieser Gegend viele Menschen zu Jesus kamen, um ihn zu hören (Mk 3,8). Ebenso ging Jesus mit seinen Jüngern nach Tyrus, heilte dort die Tochter der Phönizierin und ging über Sidon zum See von Galiläa (Mt 15,21 u. a.). Nach einer libanesischen Überlieferung begleitete die Mutter Jesu ihren Sohn. Als jüdische Frau durfte sie die heidnische Stadt Sidon nicht betreten und übernachtete daher in einer Felshöhle oberhalb von Sidon. Kaiserin Helena soll in der Nähe eine Kapelle erbaut und eine Ikone gestiftet haben. Bei der Islamisierung des Landes flohen die Christen in die Berge und verschlossen die Höhle, die in Vergessenheit geriet. Im Jahre 1721 entdeckte ein Hirtenjunge die Höhle, in der man die Marienikone fand. Seither entwickelte sich in Mantara eine Wallfahrtsstätte.

Neben Kapelle, Basilika und Bilderweg ist das Zentrum von Mantara jedoch die Höhle „Unsere Liebe Frau des Wartens", wo viele Beter ein ergreifendes Zeugnis ihres Vertrauens zur Muttergottes geben. *Mantara* bedeutet *Warten*.

Marienstatue

Vor der Höhle

Jesus und die Phönizierin

Die Höhle von Mantara

Tyrus und Umgebung

Die Straße nach Tyrus führt die Mittelmeerküste entlang, an deren Ufer ein reicher Schilfbestand mit auffallend großen Dolden zu sehen ist. Auf der gegenüberliegenden Seite der Straße dehnt sich fruchtbares Land mit großen Orangenplantagen aus. Ein Straßenschild weist auf das nahe gelegene Sarepta hin.

Knapp 100 km von Beirut entfernt liegt Tyrus (Sur), das in der Bibel wiederholt wegen seines Reichtums gepriesen wird. Heute gehört die Stadt zum UNESCO-Weltkulturerbe. Diese Auszeichnung verdankt sie vor allem den Ruinen aus der Römerzeit: Ein unglaublich ausgedehntes Hippodrom, eine antike Nekropole und die römischen und phönizischen Hafenanlagen sind Zeugen einer alten Pracht. Zahlreiche Kirchenruinen verweisen auf ein Christentum in urchristlicher Zeit.

Maronitische Kathedrale

In Tyrus residieren ein maronitischer und ein melkitischer Erzbischof. Die maronitische Diözese wurde 1838 errichtet und zählt etwa 40.000 Christen, die vor allem in den Dörfern an der Grenze zu Israel und im Hinterland von Tyrus leben. In den 21 Pfarreien ist vor allem das Schulsystem ausgebaut.

Mit dem Sitz des melkitischen Erzbischofs ist die Kathedrale mit dem bezeichnenden Namen „Unsere Liebe Frau vom Meer" verbunden. Zur Diözese gehören ca. 3.000 Christen.

Tyrus liegt nahe der israelischen Grenze und hat bei der Eroberung des Südlibanon durch die Israelis im libanesischen Bürgerkrieg, aber auch noch im Jahre 2006 stark gelitten. Wenn man am Grenzzaun zu Israel steht, blickt man in eine andere Welt, die dem Libanon nach wie vor feindlich gegenübersteht.

Tyrus bietet eine Fülle von Fotomotiven: Was soll man auswählen? Leider ist dafür kein Platz!

Grenzzaun zu Israel

Kana und der maronitische Konvent in Rmeich

Das Hinterland der beiden Städte am Mittelmeer Tyrus und Sidon gehörte, wie schon erwähnt, zurzeit Jesu zu Galiläa. Nach historischen Quellen (Eusebius von Caesarea, 265-339) fand die Hochzeit zu Kana (Joh 2,1-11) an dem gleichnamigen Ort 12 km südöstlich von Tyrus statt. Die Entfernung vom See Genesaret nach Kana im Libanon ist tatsächlich gering. Wie schon oben bei Mantara geschildert, siedelte in der Nähe der beiden Städte eine jüdische Bevölkerung.

Im libanesischen Kana finden sich verwitterte Felsreliefs, die auf eine alte Präsenz der Christen hinweisen. Bei einer der Darstellungen soll es sich um Jesus und die 12 Apostel handeln, andere Darstellungen werden mit der Hochzeit zu Kana in Verbindung gebracht.

Südöstlich von Kana und ganz nahe an der Grenze zu Israel liegt bei Rmeich der 1986 errichtete maronitische Konvent „Maria Verkündigung", der einen Kindergarten und Schulen beherbergt. Auch die Kaslik-Universität hat hier einen Ableger, um Studenten den Studienanfang zu ermöglichen und die weite Entfernung nach Kaslik zu überbrücken.

Der Süden des Libanon mit den beiden Städten Sidon und Tyrus ist überaus interessant und weithin biblisches Land. Die Grenzregion wurde in den jahrelangen Auseinandersetzungen zwischen Hisbollah und Israel schwer getroffen und hat einen hohen Blutzoll geleistet.

Filiale der Kaslik-Universität

Felsskulpturen in Kana

Der Libanon heute

Libanesische und Hisbollah Fahnen

Was hat dieses kleine Land Libanon in den vergangenen Jahrzehnten doch an Unruhen und Umwälzungen erfahren müssen: den jahrelangen Bürgerkrieg, die Besetzung des Südens durch die Israelis und des Nordens und Ostens durch die Syrer; den Aufstand in Syrien gegen die Herrschaft von Bashar al Assad mit weit über einer Million Flüchtlingen, die inneren Schwierigkeiten durch die häufig auseinanderstrebenden politischen und religiösen Kräfte! Der Libanon als kleines Land mit unberechenbaren Nachbarn versucht mit allen Kräften sich zu behaupten! Hoffen wir, dass der Libanon – wie Papst Johannes Paul II. sagte – eine Botschaft für das Miteinander von Christen und Muslimen bleibt!

Gerade Straße in Damaskus

SYRIEN

Wurzelboden des Christentums

Mein erster Besuch in Syrien 1991

Zwei Einladungen haben mich veranlasst, Syrien zu besuchen: die des Generalvikars von Homs, Ignace Almeida, den ich in Linz kennengelernt hatte, und jene von Erzbischof Antoine Beylouni von Aleppo, dem ich im Tur Abdin begegnet war. Diese Einladungen reizten mich, vom Tur Abdin aus Syrien zu besuchen, das 1991 noch unter dem Regime von Hafez al-Assad stand.

Der Gang zu Fuß über die Grenze vom türkischen Nusaybin nach Qamishli in Syrien war überaus spannend. Ein türkischer Zollbeamter kontrollierte auf freiem Feld meinen Koffer und warf das Necessaire, das ihm offensichtlich gefiel, ein paar Meter zur Seite in eine Wiese. Ich verschloss daraufhin nicht den Koffer und zeigte Richtung Necessaire – und er holte es.

Ich ging über die Grenze zur Kontrolle auf der syrischen Seite. Da wurde ich ungewöhnlich genau befragt wie vom gefürchteten syrischen Geheimdienst: Wo ich herkäme und was ich im Kloster Mor Gabriel und im Tur Abdin getan hätte, wie dort die Lage sei usw. Ich war von dieser genauen Befragung völlig überrascht. Dann holte mich der Zollbeamte in seinen Dienstraum, wo wir allein waren. Da kam die Lösung des ungewöhnlichen Verhaltens: Der Zollbeamte sagte mir, er sei Christ und vom Kloster Mor Gabriel beauftragt worden, mich zu empfangen und ein Auto für die Fahrt zum Bahnhof zu organisieren. Ich war erleichtert.

Die langsame Bahnfahrt von Qamishli nach Homs dauerte die ganze Nacht. Im Abteil wurde nur Arabisch gesprochen und die meiste Zeit geschlafen.

Im Bischofshaus in Homs wurde ich herzlich empfangen und konnte dort bleiben. Homs, das Emesa der Antike, hatte 1991 etwa 800.000 Einwohner und war damit nach Damaskus und Aleppo die drittgrößte Stadt Syriens.

In Homs gab es schon in frühchristlicher Zeit Anhänger Jesu. Die Kirche St. Elian mit dem Sarkophag dieses Märtyrers aus dem 3. Jahrhundert wird in das Jahr 432 datiert. Homs besitzt auch eine kostbare Reliquie, den Gürtel Mariens, der in einem Nebenraum der syrisch-orthodoxen Kathedrale aufbewahrt wird. Von Emesa stammte der bedeutende byzantinische Hymnendichter Romanos der Melode, der im 5./6. Jahrhundert in Konstantinopel lebte.

Wir besuchten das Kloster Mar Musa, wo ich Pater Paolo Dall'Oglio SJ kennenlernte. Damals fuhr man von Nebek aus auf eine Anhöhe und musste dann zum Kloster hinuntersteigen. Das alte Kloster war noch das einzige Gebäude, und die Gemeinschaft von Mar Musa noch in den Anfängen.

Eine Familie lud mich zu einer Fahrt nach Aleppo ein, um Erzbischof Antoine Beylouni zu treffen. Ein herzliches Wiedersehen! Von Homs aus besuchte ich 1991 erstmals den Libanon.

Vor dem Gürtel Mariens

Damaskus – die Paulusstadt

Damaskus ist eine der ältesten, durchgehend besiedelten Städte mit in der Friedenszeit an die zwei Millionen Einwohnern. In ihr herrschten u. a. die Ägypter, die Assyrer, die Perser, Alexander der Große, die Römer, die Omayyaden, die Osmanen. Damaskus ist eine biblische Stadt, die schon im Alten Testament öfters erwähnt wird. In ihr wohnte bereits zur Zeit des Neuen Testamentes eine größere Anzahl Christen, so dass Paulus sich gedrängt fühlte, wenigstens die Anführer gefesselt nach Jerusalem zu bringen. Es kam dann freilich anders: Damaskus wurde zur Stadt seiner Erstverkündigung des christlichen Glaubens.

Paulus hat in Damaskus viele Spuren hinterlassen. Ich wohnte meistens im Gästehaus beim Memorial St. Paul, das von italienischen Schwestern geführt wird. Das Haus und die Kirche wurden von Papst Paul VI. zur Erinnerung an seine Begegnung mit dem Ökumenischen Patriarchen Athenagoras im Heiligen Land im Jänner 1964 gestiftet, die am Bronzetor der Kirche dargestellt ist. Im Inneren faszinieren die farbigen Fenster mit Szenen aus dem Leben des Apostels.

Unmittelbar neben den Gebäuden befindet sich in einer Grotte ein Altar. An dieser Stelle soll sich nach der einen Überlieferung die Bekehrung des Apostels Paulus ereignet haben. – Die Griechisch-orthodoxe Kirche fixiert den (wahrscheinlicheren) Ort der Bekehrung des Apostels außerhalb von Damaskus in Richtung Jerusalem. Dieser Ort wird später beschrieben.

Das Memorial St. Paul liegt außerhalb der Altstadt, ca. 10 Minuten vom Bab Sharki entfernt. Zweigt man nach dem Bab Sharki nach rechts in eine Seitengasse ab, befindet sich an deren Ende das Haus des Hananias, der in einer Vision beauftragt wurde, Paulus in der Geraden Straße aufzusuchen. Heute befinden sich auf dem damaligen tieferen Niveau zwei Räume, die als Kirchen dienen und von Bildern mit Darstellungen der Bekehrung des Apostels ausgestattet sind. Die Gerade Straße, die die ganze Altstadt von Osten nach Westen durchquert, ist heute eine belebte Straße mit Geschäften und Restaurants. Biegt man nach der melkitischen Kathedrale links in eine Seitengasse, kommt man im Stadttor Bab Kisan zur Pauluskapelle. Hier soll Paulus, um der Verfolgung zu entgehen, der Tradition nach in einem Korb die Stadtmauer hinuntergelassen worden sein. Diese Paulusstätten sind das Ziel vieler christlicher Touristen.

Memorial St. Paul (vor der Erneuerung)

Die Kathedralen an der Geraden Straße

Damaskus ist eine Stadt der Patriarchen und Bischöfe, deren Sitze und Kathedralen vor allem in der Altstadt an der Geraden Straße liegen. Neben dem Bab Sharki, wo wir den Weg beginnen und in Richtung Westen gehen, erkennt man am Baustil die Kathedrale des armenisch-apostolischen Bischofs. Nur wenig weiter an der Geraden Straße liegt die syrisch-katholische Mar Ephrem Kathedrale. Gerne besuchte ich Erzbischof Gregorius Elias Tabé, der Deutsch spricht und aus Mardin stammt. Wir sprachen über seine Heimatstadt und den Tur Abdin. Er vermittelte mir die gewünschten Kontakte. Die *Initiative Christlicher Orient* unterstützte ihn.

Die syrisch-orthodoxe St. Georgskathedrale und das Patriarchat befinden sich auf der rechten Seite der Geraden Straße mitten im Viertel Bab Touma. Durch den Tur Abdin hatte ich dazu eine besondere Beziehung. Im Jahre 1999 besuchte ich mit Metropolit Timotheos und Melfono Isa Gülten vom Kloster Mor Gabriel Patriarch Ignatius Zakka I. Iwas (1980-2014) und legte ihm das Konzept meines Tur Abdin-Buches vor. Ich bat Seine Heiligkeit um ein Grußwort, das er mir gerne schrieb: „Deshalb schätzen wir jene, die wie Sie die Mühe auf sich nehmen, über den Turabdin zu schreiben oder die gerne unseren dort lebenden Kindern helfen, und geben Ihnen unseren Apostolischen Segen". Ich hatte häufig Kontakte mit Seiner Heiligkeit.

Angrenzend an den Sitz des syrisch-katholischen Erzbischofs liegt das melkitische Patriarchat mit der Kathedrale, die der Entschlafung Marias geweiht ist. Seine Seligkeit Patriarch Gregor III. Laham (2000-2017) hatte viele Kontakte nach Europa. Ich war wiederholt bei ihm zu Gast und bat für Gruppen um eine Audienz. Am Ende der Geraden Straße, etwas abseits auf der rechten Seite, hat der griechisch-orthodoxe Patriarch seinen Sitz und seine Kathedrale, die den Namen Marias trägt. Ich hatte viele enge Kontakte mit seinem Ökonomen, den die *Initiative Christlicher Orient* im Süden Syriens mit einigen Projekten unterstützte. Dabei ergaben sich immer auch Gespräche mit dem gelehrten Patriarchen Ignatius IV. Hazim (1979-2012), der ein besonderes Interesse an der Ökumene hatte.

In Damaskus sind ebenso die maronitische, chaldäische, assyrische Kirche des Ostens, die römisch-katholische und die protestantische Kirche tätig, mit denen ich aber keinen Kontakt hatte. Oft aber war ich in der kleinen Gemeinschaft der Jesuiten zu Gast.

Die melkitische Kathedrale *Die griechisch-orthodoxe Kathedrale*

Maarat Saidnaya – Zentrum der Syrisch-orthodoxen Kirche

Maarat Saidnaya ist ein Dorf 30 km nördlich von Damaskus in einer hügeligen Landschaft 1500 m über dem Meeresspiegel gelegen. Im Jahre 1996 wurde oberhalb des Dorfes das syrisch-orthodoxe Kloster und Seminar Mar Ephrem eingeweiht, das zugleich zum zweiten Sitz des Patriarchen wurde. Eine Kathedrale, ein großer Empfangssaal und ein Haus für die Nonnen umgeben das Hauptgebäude. Hier begegnet man jungen Mönchen aus aller Welt, die Theologie studieren und für Gespräche sehr offen sind.

Da Patriarch Ignatius Zakka I. Iwas hauptsächlich im Kloster Mar Ephrem residierte, war Maarat Saidnaya das Ziel einiger Besuche allein oder mit Gruppen.

Ein Höhepunkt war die Bischofsweihe des Mönches Saliba Özmen von Mor Gabriel, mit dem ich im Tur Abdin enge Beziehungen hatte. Er lud mich zur Feier seiner Bischofsweihe am 9. Februar 2003 in Maarat Saidnaya ein. Er war vorher bereits zum Abt des Klosters Deyrulzafaran ernannt worden. An der Weihe zum Erzbischof von Mardin mit Sitz im Kloster Deyrulzafaran nahmen viele syrisch-orthodoxe Bischöfe teil. Er wählte den Namen Filoxinos. Es war für mich ein besonderes Erlebnis, wie Patriarch und Bischöfe ihn im Laufe der Weihe mit einem reichen Zeremoniell in ihre Gemeinschaft aufnahmen. Am Schluss wurde der neugeweihte Erzbischof auf einem Stuhl zum Ausgang der Kathedrale getragen, und das Volk jubelte ihm zu. Es folgte ein festliches Mahl im Festsaal. Ich fühlte mich in dieser Gemeinschaft keineswegs fremd, da ich doch zahlreiche Bischöfe und Gäste aus dem Tur Abdin und von anderen Ländern kannte.

Dem neuen Kloster Maarat Saidnaya liegt am Berghang gegenüber das griechisch-orthodoxe Frauenkloster Saidnaya, eine imposante Anlage, die der Legende nach von Kaiser Justinian (527-565) gegründet wurde. Das Kloster ist ein beliebter Wallfahrtsort, dessen Zentrum eine Ikone ist, die sich in einer reich verzierten Nische einer Kapelle neben der Kirche befindet. An diesem Ort erlebt man orientalische Frömmigkeit!

Maraat Saidnaya

Maalula

Wenn man von der Straße Damaskus-Homs nach ca. 50 km links abzweigt und in das nahe Maalula fährt, sieht man am Ortseingang eine neuerbaute Moschee: Muslime haben sich am Rand des altchristlichen Dorfes angesiedelt. Solche Ansiedlungen in christlichen Orten wirken wie ein Bazillus, der sich ausbreitet. Man ist tolerant, aber dies ist die beabsichtigte Realität!

Maalula ist wie eine Insel, deren Bewohner Aramäisch sprechen. Angeschmiegt an steilen Felsen birgt es zwei kostbare christliche Heiligtümer: das Theklakloster und das Sergius und Bacchuskloster. Man hat wegen der vielen Besucher mit den Nonnen und Mönchen kaum einen Kontakt, aber man begegnet einem alten christlichen Erbe.

Alter Altar

Das griechisch-orthodoxe Theklakloster, das auf der rechten Seite des Ortes mit dem Fels wie verschmolzen ist, birgt eine kostbare Marienikone. Als Priester durfte ich sogar ein Foto machen. Die Schwestern sorgen sich vor allem um Waisenkinder.

Die uralte melkitische Sergius und Bacchuskirche liegt auf dem Felsplateau des Kalamun-Gebirges hoch über Maalula. Sie birgt kostbare Ikonen, vor allem aber zwei Altäre mit einer Besonderheit: Die Altarplatte ist an den Außenseiten erhöht. Dies sei bei den heidnischen Opferaltären üblich gewesen, um das Blut der Opfertiere aufzufangen; das Konzil von Nizäa (325) habe diese Art der Altäre verboten, erklärt der Pater und weist auf das hohe Alter hin.

Maalula hat eine unvergessliche Ausstrahlung und Faszination.

Theklakloster

Homs

Diese Stadt war für mich der Mittelpunkt meiner Besuche in Syrien und die erste Stadt, die ich in Syrien kennenlernte. In den späteren Jahren verbrachte ich wiederholt längere Zeit in Homs und war Gast im syrisch-katholischen Bischofshaus. Als *mein* Zimmer für den erkrankten Erzbischof benötigt wurde, fand ich herzliche Aufnahme bei einer Familie. Dadurch ergaben sich viele Kontakte und gemeinsame Besichtigungsfahrten in der Umgebung.

In Homs wirken vier Erzbischöfe, die der griechisch-orthodoxen, der melkitischen, der syrisch-orthodoxen und der syrisch-katholischen Kirche vorstehen. Zwischen ihnen gab es eine beispielhafte Zusammenarbeit. Sie trafen sich monatlich und besprachen die anstehenden Probleme. Als ich gelegentlich den syrisch-katholischen Erzbischof fragte, wie es denn mit der Ökumene stehe, antwortete er: „Wir sind Christen".

Segen mit der Marienikone

Diese gehören zwar einer bestimmten Kirche an, doch feiert man vieles gemeinsam, die Kirchenzugehörigkeit ist bei Ehen belanglos, und am Sonntag besucht man auch die Liturgie einer anderen Kirche.

An einem Sonntag feierte ich den Abendgottesdienst in der syrisch-katholischen Kathedrale mit, der von der Jugend gestaltet wurde. Ich traute meinen Ohren nicht, als während der Kommunionspendung ein Gesang in arabischer Sprache nach Beethovens Melodie „Freude, schöner Götterfunken" erklang, der nach Zwischenversen wiederholt wurde. Die Europahymne in der Liturgie in Syrien!

Bei meinem Besuch im Mai 2009 kam ich zu einer Maiandacht in der syrisch-katholischen Kathedrale zurecht. Sie war bis zum letzten Platz mit Gläubigen aus den verschiedenen Kirchen gefüllt, der Erzbischof zelebrierte die Maiandacht, ein Jugendchor leitete den Gesang, den Abschluss bildete der Segen mit der Marienikone. Anschließend gingen viele Menschen zum Altar und verehrten die Ikone mit einem Kuss.

Maiandacht in Homs

Soziales Engagement in Homs: „Fest des Lichtes"

Im sozialen Bereich lernte ich in Homs die Aktivitäten der syrisch-katholischen Kirche kennen. Erzbischof Théophile Georges Kassab baute ein Haus für sechs junge Familien, das die *Initiative Christlicher Orient* mitfinanzierte. Sein System der Vermietung hat mich fasziniert: Anfangs zahlten junge Paare kaum eine Miete, die jedoch von Jahr zu Jahr bis zur üblichen Höhe gesteigert wurde. Dann mussten die Familien ausziehen und einem anderen jungen Paar die Wohnung überlassen.

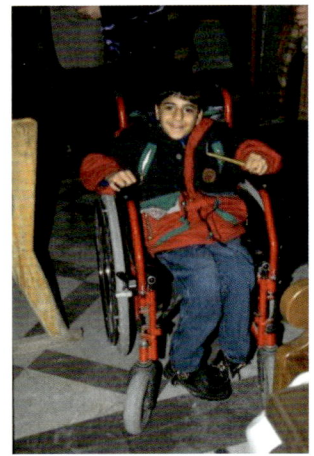

Zu bewundern war die Sorge für die Behinderten innerhalb des internationalen Vereins „Foi et Lumière". Er half den Eltern, die Schwierigkeiten der Betreuung zu bewältigen. In Homs gab es sieben „Familien". Jede „Familie" bestand aus zehn zu Betreuenden Brüdern und Schwestern, zehn jungen Freiwilligen, die sich der Behinderten annehmen und den Angehörigen, insgesamt ca. 50 Personen.

Diese „Familien" trafen sich wöchentlich zu Gebet, Schriftlesung und Unterhaltung. Das Zeugnis von Hayat, einem jungen behinderten Mädchen: „*Glaube und Licht* ist für mich die schönste Sache der Welt. Ich habe dabei den Sinn meines Lebens erkannt und Freunde, Brüder und Schwestern, bekommen. Ich lernte in der Nachfolge Jesu zu leben, und ich habe beten gelernt".

Jedes Jahr um das Fest Maria Lichtmess feierten die sieben „Familien" (und damit eine dicht gefüllte Kathedrale) das „Fest des Lichtes": Nach einer Vesper zündeten alle Teilnehmer Kerzen an und zogen zu einem Festsaal, in dem die Behinderten und die Freunde mit Gedichten, Liedern, lustigen Szenen und Tanz feierten. Dieses Fest wird ökumenisch von allen Kirchen von Homs gemeinsam begangen. Ich erlebte eine Herzlichkeit und Freude bei den Behinderten und allen Teilnehmern, zu denen auch die vier Bischöfe von Homs gehörten.

Der Verein unter der Leitung von Pfarrer Michel Naaman betrieb sogar eine Bäckerei, in der nur Behinderte arbeiteten und nur auf Bestellung Brote und Kuchen hergestellt wurden.

Erlebnisse in Homs

An einem Sonntag war in der syrisch-orthodoxen Kathedrale feierliche Erstkommunion, eine Neueinführung, die von der katholischen Kirche übernommen wurde, da diese Feier den Kindern gefiel. Ich wollte mir den feierlichen Einzug der Erstkommunionkinder anschauen und ein paar Fotos machen. Ich blieb nicht lange und kehrte wieder in das syrisch-katholische Bischofshaus zurück. Wir saßen in einer Runde beisammen und unterhielten uns. Da kamen zwei Männer dazu. Es wurde nur mehr Arabisch gesprochen, weshalb ich auf mein Zimmer ging. Nachher erfuhr ich, dass die zwei Männer vom Geheimdienst waren. Sie wollten nur wissen, was dieser Ausländer im Sinn hat. Das war Syrien: Man fühlte sich frei und hatte dabei keine Ahnung, wie alles bestens überwacht war.

Der griechisch-orthodoxe Erzbischof Georges Abu Zakim nahm mich einmal in seinem Auto mit zur Einweihung eines Bildungshauses, das zwischen Homs und Aleppo lag. Es war ein bescheidener Wagen! Das Dach war gegen Regen mit einem Überzug versehen. Ich fragte ihn halb scherzend, warum er denn keinen besseren Wagen habe? Seine Gläubigen würden ihm das auch sagen, weil er doch die größere Zahl an Christen habe, antwortete er. Prestigedenken im Orient, dem man häufig beim höheren Klerus begegnet, das aber von den Gläubigen selbstverständlich respektiert wird: Zu einer höheren Stellung in der Gesellschaft gehört auch ein vornehmeres Auto!

Die vier Erzbischöfe von Homs

(Von links nach rechts)
Syrisch-orthodox: EB. Silvanus Petros Al Nemeh
Melkitisch: EB. Abraham Nehmè
Griechisch-orthodox: EB. George Abu Zakim
Syrisch-katholisch: EB.Théophile Georges Kassab

Der Chor der griechisch-orthodoxen Kathedrale

Die christlichen Dörfer in der Umgebung von Homs

Wiederholt nahm ich gerne die Einladung an, die naheliegenden christlichen Dörfer südöstlich von Homs zu besuchen. Besonders ist mir der Besuch mit dem syrisch-katholischen Erzbischof Théophile Georges Kassab in seinem Elternhaus in Zaidal in Erinnerung. Er war als Bischof wie ein einfacher Pfarrer, der sich um seine Mitbrüder sorgte. Er erweiterte in Homs das Bischofshaus, damit jeder seiner Priester dort ein Zimmer habe, und lud sie regelmäßig zu Treffen. Er rauchte in gemütlicher Runde vor seinem Elternhaus die Wasserpfeife. Ebenso war ich erstaunt über die Größe der Weintrauben, die im angrenzenden Weingarten zu dieser Jahreszeit reif in großer Menge an den gepflegten Weinstöcken hingen.

Fairuzah, ein Ort mit etwa 10.000 christlichen Einwohnern, ist durch die Hauptstraße geteilt in syrisch-katholische und syrisch-orthodoxe Christen mit eigenen neuen Kirchen. Es fiel eine Reihe von größeren neuen Häusern auf, die zur Zeit meines Besuche leer standen. Ich erfuhr, dass sie von ausgewanderten Christen als Ferienhäuser gebaut und genützt werden. Im Gespräch mit Bewohnern begrüßte man die Auswanderung, weil dadurch Geld in die Heimat fließe und im Sommer die Urlauber aus den USA und anderen Ländern kämen. Außerdem könne man jederzeit zu den Verwandten auswandern.

In der Umgebung von Homs befinden sich viele bekannte Sehenswürdigkeiten: die berühmte Kreuzritterburg Krak des Chevalliers, das unterhalb der Burg liegende griechisch-orthodoxe St. Georgskloster mit herrlichen Ikonen, nördlich davon das landschaftlich sehenswerte Tal der Christen, Hama am Orontes mit den berühmten Wasserrädern, die Ruinen der antiken Stadt Palmyra, in Qara an der Straße nach Damaskus das Nonnenkloster Les Moniales de l'Unité d'Antioche, die christliche Stadt Nebek, die eng mit Mar Musa verbunden ist, Yabroud mit den Kirchenmauern aus römischer Zeit. Syrien besitzt ein reiches Erbe aus der Vergangenheit!

Der Besuch dieser Sehenswürdigkeiten im Laufe der Jahre war eine große Bereicherung. Man begegnete der vielfältigen Geschichte Syriens, hatte auch manchen interessanten Kontakt mit den Menschen und erinnert sich mit Hochachtung an ein Land mit einer reichen Kultur!

Weintrauben in Zaidal

Erzbischof Théophile Georges Kassab

Bei Pater Paolo Dall'Oglio in Mar Musa

Der aus Italien gebürtige Pater Paulo Dall'Oglio gehörte der orientalischen Provinz des Jesuitenordens an und lebte in Homs. Er verbrachte seit 1982 wiederholt einige Zeit im Kloster Deir Mar Musa al-Habashi (Heiliger Moses aus Abessinien) aus dem 6. Jahrhundert, das seit dem Anfang des 19. Jahrhunderts verlassen war. 1992 gründete er die Gemeinschaft al-Khalil (Der Freund Gottes), die sich den Dialog mit dem Islam zur Aufgabe stellte.

Es gehörte fast zu jedem Besuch Syriens, auch nach Mar Musa zu gehen und Pater Paolo zu treffen. Es entstand eine enge Freundschaft mit ihm. Ich erinnere mich an eine der letzten Begegnungen: Die Gemeinschaft war bereits im Feierraum im Tiefgeschoss zur Messe versammelt, da kam er verspätet von auswärts zurück. Während der Ansprache entdeckte er mich in der Runde, worauf er ausführlich über meine Arbeit für die Christen im Orient erzählte.

Im kleinen Hof mit dem herrlichen Ausblick in die östlich gelegene Wüstengegend saß ich oft lange in der Runde. Ich freute mich an der fröhlichen, oftmals tanzenden Gemeinschaft. Es gab mit ihm ganz konkrete Gespräche über seine Vorhaben. Für mich war es eine besondere Freude, dass ich die Fresken in der Kirche fotografieren konnte.

Sein Werk war gewaltig: die Renovierung des alten Klosters mit der Kirche aus dem Jahr 1058 und Fresken des 11. bis 13. Jahrhunderts, der Ausbau einiger Höhlen in der Nähe, ein ansehnlicher Neubau in einiger Entfernung, um den alten Klosterbau nicht zu stören, der Aufbau landwirtschaftlicher Einrichtungen zur Sicherung eines Einkommens. Seinem Werk bin ich auch in Süleymaniye und Qaryatain begegnet. In Qaryatain traf ich P. Jacques Mourad, der mir die Kirche St. Elian mit dem Sarkophag des Märtyrers Julian von Emesa (+ nach 284) zeigte.

Pater Paolo wurde 2012 wegen seiner Kritik an der syrischen Regierung ausgewiesen. Er versuchte später in Nordsyrien Kontakte mit dem IS (Islamischer Staat) und wurde von ihm entführt.

Im August 2012 schrieb Pater Paolo für die Zeitung der *Initiative Christlicher Orient*: „Am 16. Juni habe ich Damaskus verlassen. Sie können sich vorstellen, wie niedergeschlagen ich war, das Land verlassen zu müssen. Ich ging in tiefer Verbundenheit im Geist des Herrn und so bin ich in IHM zufrieden. Dennoch würde ich sehr glücklich sein, bald zurückkehren zu können – so Gott es will!"

Pater Paulo Dall'Oglio (2009)

Mar Musa

Zum Gedenken an Pater Paolo Dall'Oglio:
Mar Musa: Das Jüngste Gericht

Auf dem Weg nach Aleppo:

Kirche der Märtyrer in Taybat al-Imam und Museum Maarat an-Numan

Überraschungen gibt es in Syrien viele; eine davon ist die Kirche der Märtyrer in Taybat al-Imam. Die Kleinstadt mit 25.000 muslimischen Einwohnern liegt ca. 20 km nordwestlich von Hama abseits der Hauptstraße nach Damaskus. Im Jahr 1985 war für den Bau einer Straße das Presbyterium der Kirche der Märtyrer hinderlich; es wurde entfernt, dabei fand man Mosaike. Zwei Jahre später grub man den Boden des Mittelschiffes aus, entdeckte ein großes Mosaik und restaurierte es. Die 482 erbaute byzantinische Kirche, die heute Museum ist, birgt ein sehenswertes Mosaik, das an die Zeit erinnert, in der hier das Christentum die allgemeine Religion war. Das Zentrum des Mosaiks bildet das Lamm als Symbol für Christus, umgeben nicht nur von bewundernswerten Darstellungen von Pflanzen, Tieren und Kreuzen, sondern auch vieler Kirchen u. a. von Jerusalem, Bethlehem, Qalaat Seman und die Flüsse Euphrat und Tigris. Diese Art eines Mosaiks ist einmalig und sonst nirgends anzutreffen!

Das Lamm bildet die Mitte

Von Taybat al-Imam führt eine Straße nach Westen zu den Ruinen von Apameia.

Die Stadt Maarat an-Numan an der Straße nach Damaskus, ca. 60 km nach Hama, birgt in einer Karawanserei aus osmanischer Zeit ein Museum mit Mosaiken von den Toten Städten aus dem 3. bis 6. Jahrhundert, unter denen auch christliches Erbe zu finden ist. Man ist vom Reichtum, der Schönheit und Vielfalt überrascht und begegnet in diesem Museum Zeugnissen der Kirchen der Toten Städte.

Das Mosaik mit Qaalat Seman

Bei den Christen in Aleppo

In Aleppo, der zweitgrößten Stadt Syriens mit damals eineinhalb Millionen Einwohnern, sind etwa 10 bis 15% Christen, die sich jedoch auf neun Konfessionen verteilen: rum (griechisch)-orthodox, melkitisch, syrisch-orthodox, syrisch-katholisch, maronitisch, armenisch-apostolisch, armenisch-katholisch, chaldäisch, römisch-katholisch. Doch fühlen sich die Gläubigen dieser Kirchen vor allem als Christen und ihre neun Bischöfe treffen sich monatlich, um aktuelle Fragen zu besprechen. Ich fragte Erzbischof Gregorius Yohanna Ibrahim, was sie denn täten, wenn keine Fragen zur Beratung anstehen. Seine Antwort: „Wir trinken gemeinsam Kaffee".

Meinen ersten Besuch bei Erzbischof Antoine Beylouni habe ich bereits erwähnt. Bei ihm war ich noch öfters zu Gast. Seine Kathedrale und sein Bischofshaus waren an zentraler Stelle in der Altstadt errichtet worden. Eines seiner Projekte bestaunte ich besonders: Von einer Gruppe von Männern war die Vergabe von Kleinkrediten in seiner Diözese organisiert worden. Damit wurde es vielen jungen Christen ermöglicht, Geschäfte, Werkstätten oder andere wirtschaftliche Einrichtungen zu eröffnen. *Initiative Christlicher Orient* unterstützte diese Initiative.

Mit Fr. Abdo Badwi aus dem Libanon erlebte ich am 1. Oktober 2006 eine unvergessliche Liturgie in der maronitischen Marienkirche in der Altstadt Aleppos. Diese Kirche sollte eigentlich aufgegeben werden, doch da meldete sich ein junger maronitischer Mönch und formte eine christliche Gemeinschaft. Die Liturgie gestaltete eine Schola Jugendlicher gesanglich und instrumental so lebendig und gemeinsam mit dem Kirchenvolk! Die Feier mit Pfarrer Elias Adess mit Einzugs-, Evangelien- und Gabenprozession war überzeugend! Man verstand, ohne ein Wort zu verstehen! Eine Agape im Hof vor der Kirche schloss sich an.

Bei meinem letzten Besuch in Aleppo 2009 war ich Gast beim chaldäischen Bischof Antoine Audo SJ. Sein neuerbauter Bischofssitz ist mit der Kathedrale, die dem hl. Joseph geweiht ist, verbunden und mit vielen neuen Ikonen ausgestattet. Daraufhin errichteten die Muslime in unmittelbarer Nähe die stattliche Jame' al Tawhid-Moschee, deren Minarette die Kuppel der Kirche weit überragen. Damit wird deutlich gezeigt, wer in diesem Land das Sagen hat.

Von den Kirchen hat mich besonders die armenisch-apostolische Kirche mit ihren großartigen Fresken beeindruckt. Neben der Kirche liegt das Museum, das auch an den Genozid am armenischen Volk erinnert. In den engen Gassen trifft man auf alte, kostbar gestaltete Restaurants, die tief unter der Erde mit der Zitadelle verbunden waren. Diese einmalige Burganlage gehört zum UNESCO-Weltkulturerbe.

Das ca. 30 km entfernte Simeonskloster Qalaat Seman und die Toten Städte erinnern an die christliche Vergangenheit. Man bewundert die Ruinen, aber mit wehmütigem Herzen!

Sängerin   *Liturgie in der maronitischen Marienkirche*

Erzbischof Gregorios Yohanna Ibrahim

Ein Besuch beim syrisch-orthodoxen Erzbischof Gregorius Yohanna Ibrahim war bei jedem Aufenthalt in Aleppo selbstverständlich. Er stammte aus dem Tur Abdin, weshalb er meine Arbeit für die dortigen Christen sehr schätzte. Ich erinnere mich an einen Festgottesdienst in seiner Kathedrale mit Patriarch Ignatius Zakka I. Iwas und das anschließende Treffen mit vielen Gästen, wobei das gute Einvernehmen zwischen Damaskus und Aleppo auffallend betont wurde. Bei meinem letzten Besuch wurde ich Zeuge seiner Sorge um die Flüchtlinge aus dem Irak, die er versammelt hatte und deren Probleme mit ihnen besprach.

Am 23. April 2013 wurde er zusammen mit dem griechisch-orthodoxen Erzbischof Paul Yazigi vom IS entführt. Seither fehlt von ihnen jede Spur.

Beim Lesen der ICO-Zeitung

Ein Jahr nach Beginn des Bürgerkrieges schrieb Erzbischof Gregorius einen Artikel für die ICO-Zeitung über die Situation in Syrien: „Gegenwärtig kann niemand erklären oder eine schlüssige Analyse dessen abgeben, was wirklich auf den Straßen von Syrien passiert. ... Das erklärte Ziel der Volksbewegung ist es, einen Wandel herbeizuführen; aber diese Forderung hat schon eine Reihe von Stadien durchgemacht. So beschränkten sich die Forderungen ursprünglich auf begrenzte Reformen, mehr Freiheit, Beseitigung der Korruption und Stärkung der demokratischen Grundgesinnung in der Regierung, auf aktive Demokratie, die Abschaffung der Notstandsgesetze und die Freilassung aller Gefangenen wie auf wirtschaftliche Forderungen.

Plötzlich aber schwenkten die Forderungen auf Regimewechsel um, auf den Sturz des Präsidenten und seine Hinrichtung. Die syrischen Bürger, Muslime und Christen, waren mit dieser Art von Rufen und Appellen nicht vertraut. Über die vergangenen 40 Jahre hinweg unterstützten sie das Regime. ... Niemand kann sagen, ob die Motivation für diese Bewegungen ursprünglich aus dem Ausland, insbesondere von arabischen Ländern oder den nicht-arabischen Nachbarn kam. Was zählt, ist das Gefühl der Syrer, dass die Freunde von gestern die Feinde von heute geworden sind. Die Situation verschlechterte sich auf lokaler Ebene immer mehr, besonders im Hinblick auf die wirtschaftliche Lage. Zurzeit ist der Leidensdruck in Syrien groß.

Aus christlicher Sicht war es klar, dass die christliche Mehrheit auf Seiten des Regimes stand und dass sie für mehr Freiheit im öffentlichen Raum, für wirkliche Reformen und die Beseitigung der Korruption eintrat. Christen glauben auch, dass wahrer Wandel nicht durch Gewalt, Mord und Zerstörung herbeigeführt werden kann, sondern durch Dialog in einer Atmosphäre nationaler Einheit. Die christliche Position wurde in öffentlichen Stellungnahmen ihrer Anführer begründet und verteidigt. Alle riefen zu staatsbürgerlichem Frieden auf, warnten einerseits vor Spaltungstendenzen und gaben andererseits ihrer Angst vor Bürgerkrieg und ausländischer Intervention Ausdruck. ... Wir hoffen, dass diese dunkle Wolke am Himmel über Syrien verschwindet und dass die Menschen wieder unter dem Schirm nationaler Einheit leben können. Wir wollen keinesfalls, dass die gegenwärtigen Vorgänge die Existenz der christlichen Gemeinden in Zukunft gefährden und sich so die Tragödie der Christen im Irak wiederholt oder dass die gegenwärtigen Vorgänge irgendwann zu erzwungener Auswanderung und Vertreibung führen, was negative Auswirkungen auf den Fortbestand christlicher Gemeinden in Syrien und im Nahen Osten haben würde".

Südlich von Damaskus bis zur jordanischen Grenze

In den Süden Syriens führte mich der Ökonom des griechisch-orthodoxen Patriarchats, ein lieber Mensch, den ich nie vergessen werde. Das Land ist fruchtbar und je weiter nach Süden, umso hügeliger. Bezaubernd schön fand ich die Gegend in der Nähe der jordanischen Grenze, das römische Arabien, wohin sich Paulus nach seiner Bekehrung zurückzog.

Seit 1925 das Amtsgebäude des syrisch-orthodoxen Erzbischofs zerstört wurde, lebte er in Damaskus. Erst nach Errichtung eines neuen Bischofssitzes in Sweida residiert seit 1999 Erzbischof Saba Esber die Diözese Sweida-Hauran. Die *Initiative Christlicher Orient* half beim Aufbau eines Pfarrsaales neben dem Bischofshaus, bei der Einrichtung eines Heimes für Studentinnen in Sweida und im landwirtschaftlichen Bereich.

Von den christlichen Kirchen sind die syrisch-orthodoxe St. Georgskirche und die melkitische Kirche in Ezra überaus beeindruckend. Aus der Zeit der römischen Herrschaft stammen die Ruinen von Bosra mit den Ruinen der Kathedrale und vor allem das gut erhaltene Theater.

Die griechisch-orthodoxe Basilika des hl. Georg in Esra (515)

Das römische Theater von Bosra

Begegnungsreise mit Erzabt Edmund Wagenhofer: im Libanon ...

Vom 9. bis 17. Februar 2003 organisierte ich eine Begegnungsreise des Vorstandes der *Initiative Christlicher Orient* in den Libanon und nach Syrien unter der geistlichen Leitung von Erzabt Edmund Wagenhofer/Salzburg. Sie hatte ein doppeltes Ziel: den Christen (in ihren Repräsentanten) zu begegnen und die Lage in den beiden Ländern kennenzulernen, andrerseits den dortigen Christen unsere Solidarität zu zeigen. Hier können freilich nur die wichtigsten Stationen dieser Reise erwähnt werden.

Bereits am ersten Tag nach unserer Ankunft im Libanon hatten wir eine Audienz bei Kardinal Nasrallah Pierre Sfeir in Bkerke. Er sprach über die aktuelle Lage und sagte wörtlich: „Der drohende Krieg (der Amerikaner) gegen den Irak ist nicht nur ein Krieg gegen das irakische Volk, sondern gegen die gesamte Region. Der islamische Fundamentalismus in der ganzen Welt wird steigen und sich auch gegen die Christen der Region richten. … Der Krieg wird unkontrollierbare Flüchtlingsbewegungen heraufbeschwören". Wie sollte er doch mit dieser Einschätzung bereits drei Monate später Recht bekommen!

Nach dem Mittagessen im Generalat des Libanesisch-maronitischen Ordens wurden die Heilig Geist-Universität in Kaslik und eine technische Lehranstalt der Lazaristen besichtigt.

Bei der Audienz beim syrisch-katholischen Patriarchen Ignace Pierre VIII. Abdel-Ahad in Beirut erwähnte dieser die besondere Beziehung zum österreichischen Kaiserhaus: Kaiserin Zita habe an der Hohen Pforte die Begnadigung eines bereits zum Tod verurteilten Kardinals erwirkt, deswegen trage ein Kind des Kaiserpaares dessen Vornamen.

Eine wichtige Station der Reise war Baalbek, zunächst die Besichtigung der Ruinen, dann aber ein intensives Gespräch mit den beiden Bischöfen Cyrille Salim Bustros und Paul-Mounged El-Hachem. Ihre beiden Diözesen liegen abseits von den Interessen der Hilfsorganisationen in einem ärmeren Landesteil. Beide Bischöfe baten um finanzielle Hilfe für die Schüler, um einen Bus zum Transport der Studenten nach Zahle, um landwirtschaftliche Hilfen und um Unterstützung des Waisenhauses. Leider blieb es hinsichtlich der erbetenen Hilfe beinahe nur bei Worten!

Audienz beim maronitischen Patriarch Sfeir in Bkerke

… in Syrien

Von Baalbek fuhren wir über die Grenze nach Aleppo in Syrien. Dort war die Gruppe beim melkitischen Erzbischof Jean-Clément Jeanbart zu Gast. Die Gespräche betrafen die Rolle der Christen in der Gesellschaft und in der Wissenschaft, das Hauptthema war aber doch der drohende Irakkrieg: „Je länger der Krieg hinausgezögert werden kann, desto besser stehen die Chancen, dass er nicht stattfinden wird". Vergebliche Hoffnung!

Metropolit Gregorius Yohanna Ibrahim beklagte, dass die ausländischen Medien ein negatives Bild von der Situation der Christen verbreiteten und verwies auf die Ausgewanderten, die dazu neigen, die Lage in ihrer Heimat schwarz zu malen. Zum Verhältnis zu den Muslimen sagte er, es sei gut, dass es eine Regierung gibt, „um den in der Tiefe schlummernden Fanatismus der muslimischen Mehrheit einzudämmen".

Dem chaldäischen Bischof Antoine Audo war die Lage im Irak ein besonderes Anliegen, wobei er, falls der Krieg ausbrechen würde, eine Flüchtlingswelle befürchte. Das Verhältnis zu den Muslimen sei nicht leicht: „Das Problem ist, dass sie mit dem modernen Pluralismus nicht zurande kommen. Im täglichen Leben ist eine Tendenz zur Aggressivität und zum Fanatismus auf Seiten der Muslime zu beobachten".

In Homs, *dem Herzen Syriens*, waren wir Gäste des griechisch-orthodoxen Metropoliten George Abu Zakim, der die anderen Bischöfe zu sich einlud. Bei diesem Treffen wurde die gute Zusammenarbeit der christlichen Kirchen unterstrichen, die besonders den Muslimen gegenüber wichtig sei. Die Probleme mit den evangelikalen Gruppen und die Emigration wurden angesprochen. Auch bei diesem Gespräch wurde die Furcht vor einem Irakkrieg erwähnt.

Im Dorf Feiruzah bei Homs traf sich die Gruppe mit den beiden Bischöfen syrischer Tradition, ihren Pfarrern und Gläubigen in der syrisch-orthodoxen Gemeinde St. Elia. Der Ort habe im Winter 10.000, im Sommer aber wesentlich mehr Christen, weil viele Auswanderer ihren Urlaub hier verbrächten. Am Gespräch nahmen nur Mädchen teil, denn die Jungen sind ausgewandert und kommen in ihre Heimat, um ein Mädchen vom Ort zu heiraten.

Aleppo: Kuppel der chaldäischen Kathedrale und die Minarette der Jame' al Tawhid-Moschee

Die erste Audienz in Damaskus hatten wir beim melkitischen Patriarchen Gregorius III. La-ham. Er verwies auf die lebendigen christlichen Gemeinden in den etwa 50 Kirchen von Da-maskus, die vielen Seminaristen, die Sorge für die Armen und den guten Kontakt zur Regie-rung.

Bei der Audienz bei Patriarch Ignatius Zakka I. Iwas in Maarat Seydnaya wurde vor allem über seinen neuen Amtssitz und das Seminar als Ausbildungsstätte für Mönche und Priester gesprochen.

Durch seine ökumenische Einstellung kannte der griechisch-orthodoxe Patriarch Ignatios IV. Hazim Wien und hat bei PRO ORIENTE referiert. Ökumene war auch das Thema, über das er ausführlich sprach und die Zersplitterung der Kirchen im Orient bedauerte. Er erinnerte an den Besuch von Papst Johannes Paul II., der erst zwei Jahre zurücklag: „Der Papst kam nicht als Fremder, vielleicht ist er nirgends mit solcher Einmütigkeit seitens der Christen aufgenommen worden wie in Syrien".

Dem syrisch-katholischen Erzbischof Gregorios Elias Tabé und dem österreichischen Bot-schafter Dr. Michael Linhart wurden Besuche abgestattet.

Mitten in einem armen Wohngebiet am Stadtrand besuchte die Gruppe die 1995 erbaute Kirche St. Abraham mit Pfarrzentrum, die von einem Emigranten finanziert wurden. Auf die Frage, wieso man in einem extrem armen Wohngebiet ein so ansehnliches christliches Zent-rum bauen könne, kam die Antwort: „Vergönnt uns wenigstens *einen* schönen Platz!" Wir sa-ßen mit etwa 25 Jugendlichen im Kreis und diskutierten vor allem über ihr Leben als Christen in Damaskus. Der Gesprächleiter wurde gebeten, doch zu fragen, welchen Kirchen sie angehören. Die Antwort: „Ich kann sie nicht fragen, ich würde sie zertrennen". Die anwesenden Jugendli-chen waren Angehörige der Gruppe „Apostel Christi", die den Kern der Pfarre bildet und religi-öse und karitative Aktivitäten durchführt, sie gehören jedoch verschiedenen Kirchen an. Für uns ein beeindruckendes Erlebnis der Ökumene in einer lebendigen Pfarre!

Insgesamt war es eine erfolgreiche Reise, die den Teilnehmern tiefe Einblicke in die Situa-tion der christlichen Kirchen im Orient ermöglichte und den Gesprächspartnern vor Ort vermit-telte, dass es in Österreich mit der *Initiative Christlicher Orient* jemanden gibt, der sich für sie interessiert und sich für ihre Anliegen einsetzt.

Treffen mit Jugendlichen in Damaskus

Abschluss des Paulusjahres in Damaskus

Von Papst Benedikt XVI. wurde vom 29. Juni 2008 bis zum 29. Juni 2009 ein Paulusjahr proklamiert. Zur Abschlussfeier in Damaskus vom 26. bis 30. Juni 2009 lud der melkitische Patriarch Gregor III. Laham die Österreichische Bischofskonferenz ein, eine Delegation zu entsenden. Sie wurde von PRO ORIENTE organisiert. Ich nahm als Vertreter der *Initiative Christlicher Orient* daran teil.

Die Begegnungen mit den Christen waren vielfältig und die gut organisierten Feiern zahlreich. Dabei standen die Orte, die hier an den Apostel Paulus erinnern, im Mittelpunkt.

Im Haus des Ananias, in dem Paulus getauft wurde, und im Memorial St. Paul wurde die Eucharistie gefeiert und seiner Bekehrung vor 2000 Jahren gedacht. Das Memorial wurde zum Paulusjahr neu gestaltet. Die Grotte blieb zwar erhalten, doch wurde sie großzügig überdacht und die liturgischen Orte neu hergerichtet.

Liturgie im Memorial St. Paul   *Das neugestaltete Memorial St. Paul*

Eine Fahrt zum orthodoxen Frauenkloster in Saidnaya und eine Feier in der melkitischen Kirche in Maalula wurden wegen ihrer Einzigartigkeit in den Ablauf der Feiern einbezogen. Der Einzug in Maalula wurde von Pfadfindern mit Trommel- und Trompetenklang angeführt.

An einem Abend boten die Chöre von acht christlichen Kirchen in der Oper von Damaskus ein erlesenes Programm und stellten das Leben des Apostels Paulus dar. Bei diesem Konzert konnte man erfahren, dass die Kirche von Damaskus lebt, besonders als am Schluss ca. 250 Sänger und Sängerinnen auf der Bühne standen.

Die Delegationen aus aller Welt trafen sich auch mit den muslimischen Oberhäuptern von Damaskus und besuchten die Omayyaden-Moschee, in der das Haupt Johannes' des Täufers verehrt wird. Es war ein außergewöhnliches Bild, Bischöfe und Imame gemeinsam vor der Johannes Kapelle beten zu sehen.

Bei einem Empfang der Delegationen durch den syrischen Präsidenten Bashar al Assad in seiner Residenz wurde der anerkannte Platz der Christen in Politik und Gesellschaft betont.

Am Abend des vorletzten Tages war auf dem Kaubak Hill, einer Anhöhe etwa 10 km süd- lich von Damaskus, eine Vesper mit dem griechisch-orthodoxen Patriarchen Ignatius IV. Hazim angesetzt. Eine große Menschenmenge hatte sich versammelt. In der Ferne sah man die Lich- ter von Damaskus. Die Prozession, angeführt von einer Bläsergruppe der Pfadfinder, zog zu einem Freialtar in der Nähe der dort erbauten Kirche St. Paul. Nach orthodoxer Tradition hat an dieser Stelle die Gnade Gottes den Apostel Paulus getroffen. Kommt man vom Süden, sieht man von dort erstmals Damaskus. Die Feier war überaus eindrucksvoll: die Menschen saßen dicht gedrängt den Hügel hinauf, in ihrem Beten und Singen spürte man die Freude. Am Schluss hielt der Großmufti von Syrien eine begeisternde Rede und verwies auf das gute Mit- einander von Muslimen und Christen in Syrien.

Die Feiern zum Paulusjahr wurden durch eine glanzvolle Liturgie in der melkitischen Ka- thedrale unter Leitung von Patriarch Gregor III. Laham beendet. Abschließend sagte er: „Mö- gen alle in der Welt die Straße nach Damaskus gehen, so dass sich die Welt verändert und die Menschen aus Schatten zum Licht, aus Sünde zu Gerechtigkeit, aus Gewalt zu Güte, aus Egois- mus zu Selbstlosigkeit finden".

Nach der Liturgie führten die Pfadfinder mit Trommeln und Trompeten die Prozession an, die über die Gerade Straße und entlang der alten Stadtmauer zum Bab Kisan führte, in dem sich die Pauluskapelle befindet. Ein glückli- cher Patriarch entließ die Men- schen und die Delegationen aus 15 Ländern der christlichen Welt.

Die Worte des Patriarchen verhallten in den folgenden Jahren. Die Realität ging entgegengesetzte Wege: Syrien wurde für Jahre zu einem Land des Krieges, der Flüchtlinge und der Armut!

Ein Interviev zur Lage 2013

Abschließend bringe ich zur Lage in Syrien Auszüge aus einem Interview, das ich im Jahre 2013, also zwei Jahre nach dem Aufstand, mit dem chaldäischen Bischof Antoine Audo/Aleppo am Rande der Amtseinführung von Patriarch Louis Raphael I. Sako in Bagdad führte:

„Wenn jene, die jetzt kämpfen, von außen nicht unterstützt werden, dann denke ich, ist eine politische Lösung möglich, durch die wir eine neue Verfassung, mehr Demokratie und Freiheit erhalten. Wenn nicht, dann ist dies ein konfessioneller Krieg zwischen zwei Teilen des Islam, zwischen den Schiiten, angeführt vom Iran, und den Sunniten, angeführt von Saudi Arabien und Qatar.

Ich denke, es ist kein innersyrisches Problem allein. Es gibt verschiedene Ebenen: In Syrien ist im Zentrum der konfessionelle Konflikt zwischen den Alawiten als Minorität und den Sunniten als Majorität. Dann ein politisches Problem: Seit 50 Jahren leben wir unter einem Militärregime und unter einer Partei, ohne wirkliche Redefreiheit, um die Politik zu hinterfragen. Es muss sich etwas ändern! Es ist schließlich ein ökonomisches Problem, besonders für die Armen und die arbeitslosen Jugendlichen. Das sind lokale Probleme.

Auf einer zweiten Ebene ist es ein Problem zwischen den Mächten Iran und Saudi-Arabien; und wir haben die Türkei, die Interesse hat an der Region als ein sunnitisch-islamisches Regime. … Was sich in Syrien ereignet, hat Einfluss auf die Länder der Region.

Und wir haben eine dritte, internationale Ebene zwischen den USA und Russland und jetzt auch China und die Interessen Israels als eine internationale und lokale Macht zugleich.

Ich möchte danken für alles, was Sie für uns tun, für das Interesse und die Liebe zu den orientalischen Kirchen. Es ist für uns notwendig, dass wir durch Ihre Gebete, Ihre Aktivitäten und kleinen Projekte unterstützt werden. Ihr Besuch jetzt im Irak zur Feier des neuen chaldäischen Patriarchen ist für uns sehr zeichenhaft. Wir brauchen das Gefühl, dass die Kirche des Westens nicht fern ist von uns".

Mosaik aus dem Museum in Maarat

Kloster Rabban Hormizd bei Alqosh

IRAK

Bedrohte Heimat der Christen

Wie ich den Irak vorfand

Nach dem Zerfall des Osmanischen Reiches nach dem Ersten Weltkrieg zogen die Westmächte die Grenzen und schufen den heutigen Irak unter britischem Mandat. Sie errichteten eine Monarchie, die 1958 nach zahlreichen Aufständen von der Baath-Partei abgelöst wurde. 1979 kam Saddam Hussein an die Macht, der 1980 bis 1988 den ersten Golfkrieg gegen den Iran um den Schatt al-Arab führte. Er endete erfolglos für beide Seiten, aber brachte Verschuldung und Elend ins Land. 1990 erfolgte der Überfall auf Kuweit, das 1991 im zweiten Golfkrieg von den Amerikanern befreit wurde. Als Folge der Besetzung Kuweits verhängten die Vereinten Nationen ein Embargo über das Land, das bis 2003 andauerte und Armut, großes Leid und Tod brachte. Davon waren die Kurden im Norden des Irak durch eine Schutzzone ausgenommen. 2003 eroberten die US-Streitkräfte mit Unterstützung einiger Verbündeter den Irak. Durch die Entwaffnung der irakischen Armee und die eine zeitlang offenen Grenzen, über die Terroristen in das Land eindringen konnten, begann die Periode der Anschläge und Selbstmordattentate.

Meine ersten Begegnungen mit Irakern in Siirt und Silopi

Nach dem zweiten Golfkrieg zur Befreiung Kuweits begannen die Kurden 1991 in der Hoffnung auf amerikanische Hilfe gegen das irakische Regime zu kämpfen. Als diese Hilfe jedoch nicht eintraf, vernichtete das irakische Militär die kurdischen Kämpfer und ging brutal gegen die Zivilbevölkerung vor. Hunderttausende Kurden flohen im Spätwinter 1991 über die Grenzberge in die Türkei, ebenso desertierte Angehörige der irakischen Armee, die in Kasernen des türkischen Militärs untergebracht wurden.

Ich wollte Ostern im Kloster Mor Gabriel mitfeiern und besuchte daher vom 1. bis 10. April 1991 den Tur Abdin. Angesichts der dramatischen Ereignisse wurde ich bei der Caritas Österreich vorstellig, die mir spontan 100.000 ÖS für die in die Türkei geflüchteten Iraker gab. Im Kloster Mor Gabriel wurde Hilfe überlegt; da konnte ich die Spende der Caritas anbieten.

Melfono Isa Gülten vom Kloster Mor Gabriel erfuhr von einem Verwandten, dass er vom irakischen Militär geflüchtet sei und sich in der türkischen Kaserne in Siirt befinde und um Hilfe bitte. So fuhren wir los und erreichten über Hasankeyf und Batman nach ca. zwei Stunden die Bezirksstadt Siirt, die bis 1915 syrisch-katholischer Bischofssitz mit einem blühenden christlichen Leben war. Die Christen wurden am Beginn des Ersten Weltkrieges vertrieben oder ermordet, wobei auch Bischof Addaï Scher, ein bekannter Orientalist, den Martertod starb.

Wir kauften vor allem Unterwäsche und Lebensmittel ein, fuhren zur Kaserne und erhielten die Erlaubnis, die internierten Iraker zu besuchen. Im Block waren 850 desertierte irakische Soldaten untergebracht, von denen ungefähr 700 Christen waren. Es war eine herzliche Begegnung, denn erstmals machten sie die Erfahrung, dass sie nicht vergessen sind. Noch hatte ja kein Rotes Kreuz, Roter Halbmond oder eine andere Hilfsorganisation mit ihnen Kontakt aufgenommen. Wir konnten völlig frei mit ihnen sprechen und sogar fotografieren. Wir übergaben ihnen 25.000 ÖS in türkischer Währung, damit sie sich selber das Nötigste besorgen konnten. Wo werden sie heute mit ihren Familien in Europa, Amerika oder Australien leben? Diese erste Begegnung mit Menschen aus dem Irak hat mich zutiefst beeindruckt!

Bei desertierten irakischen Soldaten in Siirt

Der erste Besuch im Flüchtlingslager Silopi

Unser nächster Weg führte in das provisorisch eingerichtete Flüchtlingslager in der Nähe von Silopi nahe der irakischen Grenze. Für 1400 irakische Flüchtlinge, von denen 1200 Christen waren, wurde neben der Straße ein provisorisches Zeltlager errichtet. Diesen Flüchtlingen war es gelungen, den Irak noch vor der totalen Sperre der Grenze durch die Türkei zu verlassen. Auch dieser Besuch im Flüchtlingslager war der erste, der vor allen anderen Organisationen Hilfe brachte. Mir wurde allerdings geraten, als Ausländer doch im Auto zu bleiben, um die Aktion nicht zu gefährden. Wieder wurde vorher eingekauft und an die christlichen Flüchtlinge ein größerer Geldbetrag übergeben.

Aus den Medien wussten wir, dass in den vor uns liegenden, aber in Regenwolken gehüllten und mit Schnee bedeckten Bergen Flüchtlinge froren und erfroren und in der Kälte ausharrten in der Hoffnung, doch dem Terror Saddam Husseins zu entkommen.

Wir fuhren zurück ins Kloster Mor Gabriel und sahen am Abend im Fernsehen erneut die Bilder vom Drama in den Bergen. Durch internationale Proteste und Hilfe wurde die Grenze Mitte April für eine begrenzte Zahl von Flüchtlingen geöffnet. In Silopi errichtete man Zeltstädte, in denen die Flüchtlingswelle aufgefangen wurde.

Der zweite Besuch im Flüchtlingslager Silopi

Anfangs September 1991 folgte der nächste Besuch im Tur Abdin. Während dieses Aufenthalts fuhr ich mit den Freunden vom Kloster Mor Gabriel nach Hassana, dem Weberdorf in den Çudibergen nahe Silopi. Mit dem dortigen Pfarrer konnten wir das inzwischen errichtete große Zeltlager für irakische Flüchtlinge ohne Probleme besuchen.

Getrennt war je ein Zeltlager für etwa 5000 Muslime und 3000 Christen eingerichtet worden. Wir sprachen mit den Flüchtlingen und den vielen jungen Menschen, wobei die Verständigung nicht schwierig war, weil die meisten Englisch sprachen. Es flohen nicht Bauern und Handwerker aus dem Irak, sondern vor allem gebildete Menschen. Diese Begegnungen in den Zelten bleiben unvergesslich: die Fragen der Menschen über ihre Lage, die Gespräche mit den jungen Leuten über ihre Zukunftspläne, die Zutraulichkeit der Kinder, die sich über die Süßigkeiten freuten. Man gab uns Briefe und Adressen mit, um Kontakte mit ihren Angehörigen im Westen herzustellen.

Mit Kindern im Flüchtlingslager

Im Gespräch mit Jugendlichen

Erstmals auf irakischem Boden

Nach dem zweiten Golfkrieg verbrachte der amerikanische Priester Dale A. Johnson, der zur syrisch-orthodoxen Kirche konvertiert war, längere Zeit im Kloster Mor Gabriel. Er lud mich im September 1991 ein, mit ihm in den Irak zu fahren. Er hatte ein amerikanisches Militärfahrzeug zur Verfügung. Nach Cizre fährt man einige Zeit den Tigris entlang, der dort auf einer Strecke von ca. 50 km die Grenze zu Syrien bildet. An diesem Flussabschnitt wird man sich bewusst, dass hier feindlich gegenüberstehende politische Systeme aufeinander stoßen: die demokratisch regierte Türkei, das mit fester Hand regierte Syrien und der Irak, für dessen kurdischen Norden von der UNO 1991 eine Schutzzone eingerichtet und eine Teilautonomie gewährt wurde.

Willkommen Kurdistan

Nach der türkischen Grenzkontrolle überschritten wir den Grenzfluss Khabur und standen vor einem nicht zu übersehenden Plakat „Welcome Kurdistan" – aber eine kurdische Passkontrolle gab es noch nicht. Auf der kurdischen Seite standen am Straßenrand einige Kilometer lang Lastwagen, die jeden Tag möglichst oft die Grenze passierten, um vom Irak Erdöl in die Türkei zu transportieren und damit erheblichen Gewinn zu erzielen. Dazu hatte man sich beachtlich große Behälter links und rechts an die Lastwagen schmieden lassen, die man später nach geänderter politischer Lage noch lange Zeit neben den Straßen herumliegen sah. Die Ladung mit Erdöl geschah auf primitive Weise: Die irakischen Tankwagen fuhren einen aufgeworfenen Erdhügel hinauf, dann floss das kostbare Öl von selbst in die Behälter der Lastwagen.

Wir besuchten die Stadt Zakho, die nur ca. 15 km von der türkisch-irakischen Grenze entfernt ist. In Erinnerung blieben mir der Besuch der Kathedrale in ihrem früheren Zustand und der Besuch eines Schwesternkonvents. Der Bischofssitz war zu dieser Zeit vakant. Für weitere Besuche war keine Zeit. Wer hätte damals gedacht, dass gerade die Christen in dieser Region mein Anliegen sein würden? Doch 1991 waren die christlichen Dörfer an der Grenze zur Türkei und zu Syrien zerstört und die Christen aus ihrer Heimat vertrieben.

Die Kathedrale von Zakho 1991

Warnungen vor einem Krieg, der dennoch kam

Die ersten Kontakte mit dem damaligen Rektor des chaldäischen St. Peter Seminars in Bagdad Louis Sako wurden im Jahr 1999 bei einer Tagung der Syriac Commission von PRO ORIENTE in Wien geknüpft. Er wurde zur Tagung der *Initiative Christlicher Orient* im September 2001 eingeladen, um über die Situation der Christen im Irak zu referieren.

Sako bezifferte damals die Zahl der Christen im Irak auf vermutlich eine halbe Million, wovon 75% in Bagdad lebten. In seinem Seminar seien 60 Priesterstudenten. Er bedauerte die fehlende Zusammenarbeit der sieben christlichen Kirchen im Irak. Er wies auf die Offenheit der Politik des Irak gegenüber den Religionsgemeinschaften hin, die er mit der laizistischen Tendenz der regierenden Ba'ath Partei begründete. So habe die Regierung Kirchen und Klöster renovieren lassen. Auch der Religionsunterricht sei bei Vorhandensein von mehr als 25% christlicher Schüler garantiert. Dennoch fühlten sich die Christen von der muslimischen Mehrheit bedrängt, ebenso seien die persönlichen Rechte nicht gleich mit denen der Muslime. Es gäbe aufgrund des Golfkrieges, dem UN-Embargo und dem Palästinenserproblem eine Islamisierungswelle und eine fatale Verbindung der Christen mit den Kreuzzügen, was zu einer massiven Auswanderung von jährlich etwa 10 000 Christen führe. Trotz der schwierigen Lage und mancher Unzufriedenheit mit der Kirchenleitung würden sich die Laien engagieren, die Kirchen seien gefüllt, verschiedene Bildungsprogramme tragen zur Vertiefung des Glaubens bei.

Für eine bessere Zukunft wünschte sich Louis Sako die Einheit der Kirchen in ihrer Vielfalt auf dem Hintergrund der lokalen Kultur, die Überwindung der Minderheitenmentalität der Christen gegen die Auswanderung und eine Zusammenarbeit mit den Muslimen im sozialen Bereich ohne jeglichen Fanatismus, der Menschenrechte und der demokratischen Werte. „Die Zukunft der chaldäischen Christen und der anderen orientalischen Christen liegt in den Ländern des Nahen Ostens, nicht in Europa oder Amerika. ... Helft uns, damit wir in unserer Heimat bleiben können".

Im September 2002 machte sich der damalige Pfarrer Louis Sako Sorgen um die Zukunft des Irak und schrieb mir: „Die Lage im Irak ist wegen der Drohung der Amerikaner wie gelähmt. Ich spüre, sie wollen den Irak angreifen. Sie versuchen über dessen Reichtum zu verfügen, besonders über das Öl. Die anderen Gründe sind Ausreden. Wenn sie angreifen, können wir nicht abschätzen, was passieren wird. Als Christen leben wir gegenwärtig mit den Muslimen ohne Probleme zusammen. Wenn es zum Krieg kommen sollte, sind wir ernstlich über unsere Anwesenheit besorgt. ... Die Amerikaner kommen nicht, um die Christen zu befreien, sie kommen wegen ihrer Interessen. Die Christen im Irak brauchen sie nicht. Ganz im Gegenteil, sie werden eine Menge Probleme für uns verursachen".

Am 1. November 2002 veröffentlichten die Patriarchen der katholischen orientalischen Kirchen eine Erklärung, dass kein Vorwand einen Krieg gegen den Irak rechtfertigen könne.

Am 13. Jänner 2003 ermahnte Papst Johannes Paul II. die Politiker weltweit, die Menschheit vor einem Krieg zu bewahren: „Und was ist zur Bedrohung durch einen Krieg zu sagen, der die Bevölkerung des Irak treffen könnte, das Land der Propheten, ein Volk, das durch mehr als zwölf Jahre Embargo bereits erschöpft ist? Krieg ist niemals ein Mittel wie andere auch, das man wählen könnte, um Differenzen zwischen Völkern zu regeln."

Diese Warnungen fanden bei US-Präsident George W. Bush kein Gehör. Zehn Tage vor Kriegsbeginn schrieb mir Pfarrer Louis Sako: „Ich bin sehr traurig, dass sich die Lage zum Schlechteren entwickelt. Wir leben im Ungewissen. Verwirrung und Furcht sind unser tägliches Brot. Wir beten, dass am Ende der gute Wille gewinnt. Zwei Kriege und 12 Jahre Embargo sind eine Geschichte, die man nicht verstehen kann. In den Köpfen der Supermächte sind weder religiöse noch humane Werte. Wir warten auf eine Entscheidung und kauften einige Vorräte an Lebensmitteln und Medizin für die Armen".

Am 20. März 2003 begann der Krieg gegen den Irak, der am 1. Mai für beendet erklärt wurde. Die Massenvernichtungswaffen, mit denen der Krieg begründet wurde, fand man nie!

Erste Projekte im Irak in Mosul

Die Verbindung mit Louis Sako, der in seine Heimatdiözese Mosul zurückgekehrt war und die Pfarre „Unsere Frau von der Immerwährenden Hilfe" leitete, blieb bestehen. In den Jahren 2002 und 2003 finanzierte die *Initiative Christlicher Orient* seine pastoralen Bemühungen: ein Computer-, Film- und Videozentrum, ebenso einen Minimarkt für die Jugend. Bereits bei diesen ersten Kontakten zeigte sich seine Grundhaltung: Man muss den Menschen in ihren täglichen Schwierigkeiten helfen, wenn man will, dass sie in der Heimat bleiben.

Mosul hatte damals mehr als eine Million Einwohner, davon etwa 30.000 Christen. In der Umgebung, bekannt als Ninive-Ebene, gab es kleinere Städte und große Dörfer, die vollkommen christlich waren. Es gab einige Schwesterngemeinschaften, die Dominikaner und eine Mönchsgemeinschaft. Besonders im Bereich der religiösen Bildung gab es viele Bemühungen.

Ende Juli 2003 war Louis Sako optimistischer: „Trotz allem, was geschehen ist, beginnen die Iraker die Freiheit und Demokratie zu schätzen. ... Die von der Tyrannei des Hussein-Regimes befreiten Iraker, die nichts anderes als autoritäre Entscheidungen kannten, sind nicht gewohnt, in Freiheit zu leben."

Die zivilen Einrichtungen wurden aufgebaut und Louis Sako wurde Mitglied des Stadtrates von Mosul. Leider traten auch die Befürchtungen ein: „Wir stellen fest, dass die muslimischen Extremisten aktiv geworden sind: Sie haben ein Geschoss auf den Konvent der Dominikanerinnen in Mosul abgefeuert". Das sollte freilich nur eine leise Vorahnung für die Zukunft sein.

Im Juni 2003 versuchte ich auf seine Einladung hin zweimal von Qamishli aus nach Mosul zu reisen. Die österreichische Botschaft bestätigte mir, dass die notwendige Anweisung des syrischen Außenministeriums bei der Grenzstation liege. Doch die Grenzpolizei wusste nichts davon und verweigerte den Übertritt am Tigris. Auf der anderen Seite des Flusses erwartete mich Louis Sako. Wir konnten zwar miteinander telefonieren, uns beinahe zuwinken, aber die Grenze war kurz vorher vollständig gesperrt worden. Er schrieb: „Es ist doch köstlich: Sie waren so nahe bei Mosul und konnten nicht einreisen. Es tut mir leid. Ich hoffe, Sie können doch noch einen Besuch machen".

Am Grenzfluss Tigris

Die versäumte Bischofsweihe

Im Jahre 2002 war Louis Sako von der Synode der Chaldäischen Kirche zum Erzbischof von Kirkuk gewählt worden, die Bestätigung durch Papst Johannes Paul II. erfolgte aufgrund des Irakkrieges aber erst ein Jahr später. Am 14. November 2003 wurde er durch seinen Vorgänger, Erzbischof André Sana, in Mosul zum Bischof geweiht. Mitkonsekratoren waren Weihbischof Shlemon Warduni und der Erzbischof von Mosul, Paulos Faraj Rahho, der einige Jahre später den Märtyrertod starb. Louis Sako hatte mich zur Bischofsweihe eingeladen.

Man konnte 2003 regulär nur nach Amman in Jordanien fliegen und von dort mit einem amerikanischen Militärflugzeug weiter nach Mosul. Es tut mir heute noch leid, dass ich damals nicht den Mut zu diesem umständlichen Flug aufbrachte. Es wäre eine einmalige Gelegenheit gewesen, Mosul kennen zu lernen. In den folgenden Jahren konnte man die Stadt aus Sicherheitsgründen nur mehr unter großen Schwierigkeiten besuchen.

„Ein Tag der Sonne im Nordirak", so die Überschrift des Berichtes über die Bischofsweihe in Mosul in der ICO-Zeitung. Die Feier fand wegen der vielen Teilnehmer, unter denen auch Mitglieder der Regierung und amerikanische Generäle waren, im Hof des Klosters St. Georg statt. Louis Sako beendete am Schluss der Feier seine Ansprache, in der er über das Dienen sprach, mit einem Gebet: „Herr, hilf mir, dich gegenwärtig zu setzen, deine Liebe und dein Heil sichtbar zu machen, dir meine Stimme zu leihen, meine Schritte und mein ganzes Sein. Hilf mir, unter meinem Volk ein wirklicher Apostel zu sein. Erlaube nicht, dass irgendetwas mich von dir und meinen Brüdern und Schwestern entferne. Dir in meinen Brüdern und Schwestern zu dienen, ist meine Freude und der Traum meines Lebens".

Eine Woche später brach man von der Pfarre „Unsere Frau von der Immerwährenden Hilfe" in Mosul auf, unterbrach die Fahrt in Erbil, wo Louis Sako vom dortigen Bischof, den Priestern und viel Volk begrüßt wurde, um dann nach Kirkuk zu fahren, wo die Amtsübernahme erfolgte. Er kniete vor seinem Vorgänger nieder und erbat seinen Segen: eine aussagekräftige Szene!

Diese Feierlichkeiten habe ich zwar versäumt, aber Kirkuk sollte mir in den folgenden Jahren sehr vertraut werden.

Kathedrale von Kirkuk

Erzbischof Louis Sako

Der erste Besuch Kurdistans

Im Jahre 2006 war es noch mühsam und umständlich, in den kurdischen Nordirak zu fliegen. Von Frankfurt aus gab es einen Nachtflug einer privaten Fluggesellschaft, mit der man um 6 Uhr morgens Erbil erreicht hat. Bereits im Jahr darauf flogen die Austrian Airlines einige Male in der Woche direkt von Wien in die Hauptstadt Kurdistans und später täglich. Im Lauf der Jahre konnte man in Erbil drei Flughäfen erleben: im Jahr 2006 musste man sich in einem ebenerdigen Gebäude zur Passabfertigung drängen und den Koffer irgendwo suchen; einige Jahre später fand man einen angemessenen Flughafen vor; schließlich wurde der sogenannte Internationale Flughafen errichtet, der großzügig angelegt ist und einem Vergleich mit europäischen Flughäfen standhält. Man spricht sogar vom modernsten Flughafen der Welt, der von einer türkischen Firma errichtet wurde. Ein Beispiel für den wirtschaftlichen Aufstieg der Autonomen Region Kurdistan, die 1991 von der UNO errichtet und 2005 von der Zentralregierung des Irak anerkannt wurde.

In Erbil wurde ich am Flughafen von Erzbischof Louis Sako erwartet, doch kam es zunächst in einem eigenen Raum des kleinen Flughafens zu einer überraschenden Begegnung: Der Patriarch der Chaldäischen Kirche, Emmanuel III. Delly, in Begleitung des chaldäischen Erzbischofs von Mosul, Paulos Faraj Rahho, warteten auf den Abflug nach Bagdad.

Es war meine einzige kurze Begegnung mit Erzbischof Rahho, der seit 2001 die Erzdiözese Mosul leitete. Er war ein Mann des Ausgleichs zwischen Muslimen und Christen. Dennoch wurde er seit 2003 wiederholt bedroht und auf seinen Bischofssitz ein Bombenattentat verübt. Er setzte sich energisch gegen die Christenverfolgung ein. Am 29. Februar 2008 wurde er auf der Heimfahrt von einer Kreuzwegandacht entführt, seine drei Begleiter wurden erschossen. Am 13. März fand man Erzbischof Paulos Faraj Rahho auf einer Müllhalde tot auf. Er wurde vorübergehend in Karamles neben seinem im Jahr zuvor ermordeten Pfarrer Ragheed Ganni beerdigt.

Begegnung im Flughafen von Erbil

Erbil: Hauptstadt der Autonomen Region Kurdistan

Erbil ist die Hauptstadt der Autonomen Region Kurdistan mit zwei Millionen Einwohnern. Ihr neuerbautes Parlament ist das politische Zentrum. Durch die rasche Entwicklung hat die Stadt wenig alte Sehenswürdigkeiten, aber mit der Zitadelle als der beherrschenden Mitte ist Erbil die älteste durchgehend besiedelte Stadt der Welt, die in ihrer Geschichte von vielen Herrschern regiert worden ist und ein wichtiger Ort auf dem Weg von Mosul nach Bagdad war.

Die Chronik von Arbela, wie die Griechen die Stadt nannten, ist nach 500 entstanden und enthält wichtige Informationen über die Anfänge des Christentums in der Region um Erbil und die damals herrschenden Sassaniden.

Erbil ist eine muslimische Stadt, in der auch eine Minderheit von Christen lebt, die ihr Zentrum in der neuerbauten Herz Jesu-Kirche hat. Neben der Kirche ist ein medizinisches Zentrum eingerichtet worden, das dem Märtyrer Ragheed Ganni (1972-2007) gewidmet ist. In ihrer unmittelbaren Nachbarschaft befindet sich das Zentrum der etwa 1000 evangelikalen Christen von Erbil, die der amerikanischen Invasion gefolgt sind und eifrig missionieren, einerseits mit der Bibel, aber auch mit materieller Hilfe. Sie nützen die gegebene Religionsfreiheit und das spirituelle Vakuum Kurdistans.

Die beiden nebenstehenden Bilder zeigen die rasante Entwicklung von Erbil von der Zitadelle aus gesehen: Das große Areal unterhalb der Zitadelle mit einem provisorischen Basar wurde innerhalb weniger Jahre zu einem Erholungszentrum mit überraschend vielen Springbrunnen gestaltet. Die vielen Neubauten dahinter zeigen die rasante wirtschaftliche Entwicklung der Stadt.

Ein Kuriosum ist das Angebot christlicher Bilder am Weg hinauf zur Zitadelle, wahrhaftig kein ansprechendes christliches Aushängeschild in einem muslimischen Land. Diese Art der Bilder, die im Westen ausgemustert werden und billig zu erwerben sind, werden gerne von ausgewanderten Christen als gutgemeinte Geschenke in das Land gebracht.

Blick von der Zitadelle auf die Stadt 2006

Blick von der Zitadelle auf die Stadt 2012

Verkaufsangebot beim Abgang von der Zitadelle

Ankawa – die christliche Stadt

Ankawa nordwestlich von Erbil ist eine der ältesten christlichen Siedlungen im Irak. Die 1968 errichtete chaldäische Erzdiözese Erbil mit Sitz in Ankawa wird seit 2010 von Erzbischof Bashar Warda geleitet. Die in babylonischem Stil erbaute St. Josephs Kathedrale wurde 1981 geweiht. Durch die Zuwanderung von Christen aus dem Süden des Irak ist ihre Zahl rasch auf ca. 40.000 angewachsen. Nach der Eroberung von Mosul und der Ninive-Ebene durch den IS im Jahr 2014 sind vorübergehend viele Flüchtlinge in Ankawa aufgenommen worden.

Babel College

In Ankawa hatte ich vor allem mit dem Priesterseminar St. Peter und dem Babel College intensive Kontakte. Beide Institutionen wurden im September 2003 im Stadtteil Dora in Bagdad wieder eröffnet. Doch verschlechterte sich in Dora die Sicherheitslage radikal. Rektor und Subrektor wurden entführt. Ein Seminarist schilderte mir die Lage: „In der Nacht standen wir mit dem Gewehr Wache, am Tag sollten wir studieren". Deshalb verlegte man 2007 Seminar und Babel College nach Ankawa. Die Seminaristen wohnten in Plastikhäusern neben der Kathedrale, aber bereits im Herbst 2008 zogen sie in das neuerbaute Seminar ein. Rektor war der spätere Bischof Bashar Warda und Subrektor Fadi Lion, der spätere Rektor.

Das Seminar war für mich ein wichtiger Stützpunkt auf dem Weg nach Norden. Mit dem Rektor, den Professoren und Seminaristen gab es regen Gedankenaustausch. Die etwa 25 Seminaristen nannten ihre Herkunft und bekräftigten, einmal auch an gefährlichen Orten ihren priesterlichen Dienst zu tun. Ein Seminarist aus Bagdad wurde im Jänner 2011 in der syrisch-katholischen Kathedrale in Bagdad zum Diakon geweiht, in der vorher am 31. Oktober 2010 ein fürchterliches Blutbad stattfand. Dort traf ich ihn 2013 als Priester wieder.

Im Babel College staunte ich über die vielen jungen Laien, die dort als Katechisten und Katechistinnen ausgebildet werden. Eine Hoffnung für die Zukunft.

Chaldäisches Seminar

Im schönen Shaqlawa

Noch am ersten Tag meines Besuches fuhren wir nach Shaqlawa, einer Kleinstadt, die etwa 50 km nördlich von Ankawa in einem Gebirgstal in fast 1000 m Seehöhe liegt. Es hat reichlich Wasser von den Bergen der Umgebung, einen reichen Baumbestand und auch an heißen Sommertagen ein kühles Klima. Damit ist der Ort ein beliebtes Urlaubs- und Ausflugsziel. Unter den kurdischen Bewohnern leben etwa 2000 chaldäische Christen mit einer neuerbauten Kirche und einem kleinen, sehr interessanten Museum für Volkskunde. Shaqlawa ist landschaftlich wunderschön! Wir hatten dort keinerlei Besprechung, besuchten die Kirche und übernachteten in einem Kloster der Schwestern.

Am Abend begegneten wir vielen Menschen auf den Straßen, auch einer kleinen Gruppe Mädchen. Ich fragte, warum man nur Mädchen und keine Burschen sehe. Man sagte mir: Die Mädchen finden keinen Mann, weil die Burschen vor dem Militärdienst auswandern. Das Verhältnis sei etwa 1 zu 6: auf einen Burschen kommen sechs Mädchen. Sie lassen sich gerne von einem ausgewanderten Burschen anwerben und gehen ebenso ins Ausland.

Es ergab sich, dass ich Shaqlawa in den folgenden Jahren noch einige Male besuchen konnte.

Die heilige Sara, Märtyrerin von Shaqlawa

Die neue Kirche des heiligen Rabban Boya

Das Tal vor Shaqlawa im Abendrot

In der Erdölstadt Kirkuk

Die heutige Millionenstadt Kirkuk hat eine Jahrtausend alte Geschichte, wovon die Zitadelle auf dem Burgberg ein eindrucksvolles Zeugnis ablegt. Auf dem Berg stehen noch die Ruinen der alten Kathedrale, die auf eine frühe Christianisierung von Kirkuk hinweist, und zwei Moscheen. Auf diesem Areal befindet sich auch die „Rote Kirche" mit dem christlichen Friedhof. Zum Erzbistum Kirkuk gehörten auch Erbil und Süleymaniye, ehe sie 1968 aus politischen Gründen abgetrennt wurden.

Eine Hand trägt den Bohrturm

Kirkuk ist das Zentrum der Erdölindustrie des Irak mit etwa 11.000 Beschäftigten. Wegen seiner Bedeutung wurde während der Regierung von Saddam Hussein eine Arabisierung der Bevölkerung vorangetrieben, die jedoch nach 2003 von einer Begünstigung der Kurden abgelöst wurde. So ist Kirkuk heute vor allem von Kurden, aber auch von Arabern und Turkmenen besiedelt. Die Probleme Kirkuks liegen daher in der ethnischen Vielfalt.

Im Jahre 2004 lebten noch etwa 12.000 Christen in Kirkuk, doch hatten viele die Stadt wegen der widrigen Umstände bereits verlassen. Die Mehrheit gehörte zur chaldäischen Kirche, kleinere Gruppen zur assyrischen, zur syrisch-katholischen, syrisch-orthodoxen oder armenischen Kirche; auch Mitglieder evangelikaler Gemeinschaften waren aktiv.

Im Krieg von 2003 eroberten die Kurden die Stadt und wollten die Provinz Kirkuk ihrem Autonomiegebiet eingliedern. Über Jahre konnte man sich zu keiner Entscheidung durchringen; mit der Verteidigung der Stadt gegen den IS durch die Kurden wurde die Frage noch verschärft. Nach dem Unabhängigkeitsreferendum am 25. September 2017 übernahm die irakische Zentralregierung die Stadt Kirkuk.

Ruinen der alten Kathedrale auf dem Burgberg

Im Bischofshaus in Kirkuk

Das Bischofshaus ist bescheiden: eine Hauskapelle, ein größerer Empfangsraum, zwei bescheidene Kanzleiräume, die Küche mit Speisezimmer, einige Wohneinheiten und ein kleiner Saal im ausgebauten Dachgeschoß. Auch der Erzbischof hatte für sich nur zwei Räume: Wohnzimmer und Schlafzimmer. Das Leben war einfach, aber von Herzlichkeit und Menschlichkeit geprägt. Schon beim ersten Besuch wurde ich von den Messbesuchern herzlich begrüßt. Bei den meisten Besuchen im Nordirak war eine Fahrt nach Kirkuk selbstverständlich. Ich fühlte mich in Kirkuk zuhause. Im Folgenden werden nur die eindruckvollsten Begebenheiten geschildert.

Erzbischof Louis Sako entwickelte von Anfang an eine vielfältige religiöse Tätigkeit: Ein auf drei Jahre angelegter theologischer Kurs für Laien sollte das Glaubenswissen vertiefen; eine Jugendgruppe und ebenso eine Bibelgruppe trafen sich wöchentlich; zwei geistliche Gemeinschaften und der Konvent der chaldäischen Schwestern arbeiteten im sozialen Bereich und führten einen Kindergarten. Er errichtete in der Anfangszeit ein Computerzentrum zur Ausbildung Jugendlicher, eine öffentliche Bibliothek und ein kleines Geschäft vor allem mit geistlichen Schriften.

Der Erzbischof, der sich im Sommer 2003 gegenüber der *Initiative Christlicher Orient* noch vorsichtig optimistisch über die Lage der Christen im Irak geäußert hatte, zeichnete 2004 ein besorgniserregendes Bild vom Irak: Unmittelbar nach dem Sturz der Hussein-Diktatur habe es Freude über die Befreiung gegeben, nun aber sei die Situation chaotisch. Nach Sakos Meinung sei die Instabilität größtenteils von Ausländern verursacht: „Unser Problem sind die Islamisten aus dem Iran, aus Syrien, Jordanien, Jemen, Ägypten usw. Sie arbeiten mit ehemaligen Mitgliedern der Baath-Partei und irakischen Verbrechern zusammen. Ihr Ziel ist es, eine demokratische und pluralistische Entwicklung im Irak zu verhindern". Zahlreiche christliche Familien seien bereits nach Jordanien und Syrien ausgewandert oder hätten Schutz im kurdischen Nordirak gesucht. Einer der Gründe dafür sei die Angst der Eltern, dass ihre Kinder auf dem Weg zur Schule gekidnappt werden könnten. Erzbischof Sako appellierte eindringlich an den Westen um Solidarität: „Wir brauchen jetzt nicht nur moralische, sondern auch finanzielle Hilfe, vor allem in Form überschaubarer Projekte, um Arbeitsplätze zu schaffen".

Bischofshaus in Kirkuk

Abschlussfeier des Kindergartenjahres

Beim ersten Besuch in Kirkuk durfte ich im Gemeindesaal den Abschluss des Kindergartenjahres erleben. Den Saal füllten die Eltern, um sich über ihre Kinder zu freuen. Die Eltern und die ca. 50 Kinder waren erstaunlich schön angezogen; alle Mädchen waren weiß gekleidet. Viele Eltern haben eine höhere Bildung, arbeiten in der Erdölindustrie, viele Christen sind Ärzte.

Die fröhliche Feier wurde von Schwestern geleitet. Die Kinder sagten Gedichte auf, stellten kleine Szenen dar, bildeten Reigentänze und sangen Lieder. Kinder sind doch überall gleich. Ihre Sprache versteht man in aller Welt! Eine herzerfrischende Feier!

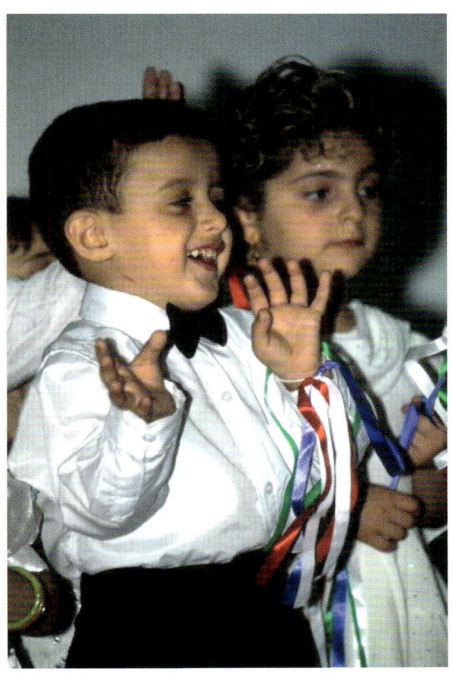

Fahrt durch die Erdölfelder

Kirkuk war zur Zeit meiner Besuche keineswegs eine sichere Stadt. Christen wurden entführt und ein hohes Lösegeld für die Freilassung gefordert, Christen wurden ermordet. So ließ Erzbischof Louis Sako vor der Kathedrale ein Denkmal für 36 ermordete Christen errichten. Viele Christen wanderten aus oder siedelten sich an sicheren Orten in Kurdistan an. Es war deshalb selbstverständlich, dass man das Bischofshaus nicht allein verließ. Aber Einladungen und Besuche waren dennoch zahlreich!

Ein christlicher Direktor der Erdölindustrie lud mich zu einer Fahrt durch die Erdölfelder ein. Er selbst lebte mit seiner Familie in einem eigenen Wohnbezirk am Rande der Förderanlagen. Das war für mich eine noch nie erlebte Erfahrung, noch dazu in einem der bekanntesten und ertragreichsten Erdölfelder der Welt, das sich über eine Länge von 100 km und eine Breite von 10 km erstreckt. Die Bohrtürme liefern ein qualitativ sehr hochwertiges Öl, durch dessen Erträgnisse Kurdistan seine wirtschaftliche Unabhängigkeit erreichen könnte. Kirkuk wäre eine reiche und gepflegte Stadt, wenn es friedlichere Zeiten gäbe.

Wir hielten am „Ewigen Feuer" an: In einer kleinen Vertiefung dringt Erdgas an die Oberfläche, das vor langer Zeit angezündet wurde und ständig brennt. Am Erdölfeld reiht sich ein Bohrturm an den anderen. Dazwischen gibt es immer wieder kleine Schlote, durch die Erdgas ausströmt und abgefackelt wird. In dieser Begleitung durfte ich sogar fotografieren. Mit einer Einladung im Haus des Direktors endete die interessante Begegnung mit einer für mich fremden Welt.

Das ewige Feuer

Das schönste Projekt

Erzbischof Louis Sako bat uns, ein ihm sehr am Herzen liegendes Projekt zu unterstützen: die Heirat von jungen Menschen. Ein Komitee entschied die Auswahl der Brautpaare nach bestimmten Kriterien: eine schon länger vorhandene Heiratsabsicht, wirtschaftliche Notlage, der Wille, in der Heimat zu bleiben, und die Bestätigung durch den Erzbischof. Die Trauungen von 15 Hochzeitspaaren fanden im Jahre 2005 in zwei Feiern statt. Die *Initiative Christlicher Orient* spendete für jedes Paar 1000 Euro. Das scheint zunächst keine große Summe zu sein.

Aber während eines meiner Besuche trafen sich an einem Abend neun junge Paare, um sich bei der *Initiative Christlicher Orient* zu bedanken. Es war ein wunderbares Treffen: Freude bei allen! Es gab ein einfaches Buffet, an das sich eine kurze Ansprache des Erzbischofs an-

schloss. Einer der einstigen Bräutigame erzählte mir, er habe zwei Jahre fest gearbeitet und für die Heirat gespart. Doch das Ergebnis seiner Anstrengung waren nur 300 US-Dollar, die für eine Heirat nicht ausreichten. Im Verhältnis dazu war unser Beitrag doch eine beträchtliche Spende. Einige Paare erwarteten ein Kind, zwei Paare brachten bereits ihre Babys mit. Die Feier endete mit einem im Orient üblichen Gemeinschaftstanz.

Am selben Abend trafen sich die Jugendführerinnen und Jugendführer mit einer Schwester, um ein Sommerlager im Norden Kurdistans vorzubereiten. Da es aus Sicherheitsgründen in Kirkuk für junge Leute schwierig war, sich kennenzulernen, sagte ich: „Bei diesem Sommerlager könnt ihr euch auch kennenlernen". Eisernes Schweigen. Ich wiederholte nochmals meinen gutgemeinten Rat. Und wieder Schweigen. Nach einiger Zeit sagte ein Mädchen: „Wen wir heiraten, bestimmen ja die Eltern". Da wusste ich, wie unerfahren mein Rat gewesen war!

Gemeinschaftstanz

Ein lebendiger und überzeugender Gottesdienst

Der Sonntag ist in muslimischen Ländern Arbeitstag, weshalb der Hauptgottesdienst in der Regel am Abend des Sonntags angesetzt wird. Wer die Situation nicht kennt, dem fällt es nicht auf, dass von der Kirchengemeinde unauffällig, aber genau kontrolliert wird, wer die Kirche betritt.

Vor Beginn der Messe übt eine Schwester mit der Gemeinde neue Gesänge ein. Der kräftige Gesang der Gemeinde ist beeindruckend. Es überwiegen die Gesänge und Gebete in arabischer Sprache, vermischt mit traditionellen syrischen Texten. Mich ließ der Erzbischof Teile des Hochgebetes in Englisch sprechen. Die Sonntagsmessen in der Kathedrale von Kirkuk waren jedes Mal ein Erlebnis und weckten für Europa einen Traum: die Teilnahme der Jugend!

Bei meinem ersten Besuch verlieh mir der Erzbischof das Kreuz und den Titel eines Chorbischofs der Chaldäischen Kirche, wie es in den orientalischen Kirchen als besondere Ehrung üblich ist.

Einzug zur Liturgie   *Erzbischof Louis Sako*   *Überreichen des Kreuzes*
                                      bei der Predigt

Sonntagsgottesdienst in der Herz Jesu-Kathedrale

Die Jugend gestaltet die Liturgie

Erfreut erlebt man, dass die Jugend am Gottesdienst nicht nur teilnimmt, sondern ihn führend gestaltet. Eine Jugendgruppe bildet vorne im Raum neben dem Altar eine Schola, die die Gemeinde zum Mitsingen motiviert. Es sind wiederholt Sologesänge und Instrumentalklänge zu hören. Durch die Jugendlichen bekommt die Liturgie ein einladendes junges Gesicht! Wenn es doch in Europa auch so wäre, dass die Jugend den sonntäglichen Gottesdienst gestalten würde!

Nach der Liturgie treffen sich die Teilnehmer an der Liturgie, also auch die Jugend, im Pfarrsaal, was in Kirkuk aus Sicherheitsgründen damals nicht immer möglich war.

Viele Jugendliche hat die *Initiative Christlicher Orient* unterstützt, um im Jahre 2011 den Weltjugendtag in Madrid zu erleben. Nach der Rückkehr bedankten sie sich bei einem Gottesdienst und überreichten mir ein Andenken an den Irak. Ich werde ihre bewiesene Treue zur Kirche nie vergessen!

Viele Besuche in Kirkuk

Sosehr es nicht ratsam war, die Stadt allein zu besichtigen, habe ich doch mit Erzbischof Louis Sako oder mit einem Priester in Kirkuk viele Besuche gemacht. Wir zelebrierten in den beiden anderen chaldäischen Pfarreien die Messe und besuchten die neu errichtete Kirche im neuen Stadtteil Sikanayan, der allein für Christen bestimmt war. Wir besuchten ebenso wiederholt die Assyrische Kirche des Ostens Mar Ghiorghis. Die chaldäische „Rote Kirche" mit dem Friedhof auf der Zitadelle war Erzbischof Louis Sako ein besonderes Anliegen; sie wurde gründlich renoviert. Manche christliche Familie lud mich zu sich ein, unter ihnen auch turkmenische Familien, die unter sich einen türkischen Dialekt sprachen. Die Turkmenen waren vor den Seldschuken eingewandert.

Besonders beeindruckend waren die Treffen mit Scheichs und Imamen. Einer der Imame sagte mir: „Wenn wir in Kirkuk eine Vereinigung aller religiösen Bekenntnisse hätten, wir würden Louis Sako zu unserem Präsidenten wählen". Ebenso kamen sie in das Bischofshaus, besonders wenn ich mit einer offiziellen Gruppe zu Besuch war. Erzbischof Louis Sako lud zur Osternacht sieben Imame in die Kathedrale ein, um nach der Feier zu den Christen zu sprechen. Auf diese Weise wurde durch ihn eine neue Atmosphäre geschaffen, die auf ein friedliches Miteinander abzielte. Er sagte auch öfters: „Wenn man eine Minderheit ist, muss man weise sein".

Die für die Christen widrige Atmosphäre habe ich in Kirkuk nie unmittelbar erlebt. Ich sah nur die Spuren der wiederholten Anschläge auf die Kathedrale und die Kirchen und hörte von den Entführungen und Morden an den Christen. Aus Sicherheitsgründen siedelten Christen weg von der muslimischen Nachbarschaft nach Sikanayan oder wanderten aus.

Ein Ausflug in das Touristengebiet von Bekhal

Bei meinem ersten Besuch in Kirkuk im April 2006 verbrachten wir einen Tag im Touristengebiet von Bekhal nordöstlich von Erbil. Der Erzbischof lud dazu auch die beiden Pfarrer von Kirkuk und ihre Frauen ein. Kurdistan zeigte sich uns von der schönsten Seite!

Von Shaqlawa aus erreichten wir den Großen Zab, der durch ein enges Gebirgstal fließt. Ein mächtiger Wasserfall zog uns in seinen Bann. Der Höhepunkt der Naturschönheit war jedoch Bekhal. Man sitzt bei Tischen, die wegen der Sonne mit Zeltplanen überdacht sind, und sieht auf dem gegenüberliegenden Berghang ein Naturwunder: An einigen Stellen entströmt dem Bergabhang unglaublich viel Wasser, stürzt in vielen kleinen Bächen zu Tal und sammelt sich zu einem ansehnlichen Fluss. Wir genossen diesen einmaligen Platz, ließen uns dabei die nebenan in Wasser gekühlten Getränke und die Jause schmecken und unterhielten uns prächtig. Der Erzbischof besorgte sich eine besondere „Mitra", die allerdings für die Liturgie nicht brauchbar ist.

In dieser Region des Irak ist man im „Wilden Kurdistan" Karl Mays, allerdings mit dem großen Unterschied, dass heute die bergige Landschaft bestens für den Tourismus erschlossen ist. Die Berge mit ihren Gipfeln und Tälern zeigen uns gerne ihre Schönheit und laden uns ein, sie zu genießen. Der Mensch kann auch in diese Schönheit Unfrieden und Zerstörung bringen!

Erzbischof Louis Sako

Das enge Tal des Großen Zab

Die Wasser von Bekhal

Süleymaniye – „Kulturhauptstadt Kurdistans"

Die Straße von Kirkuk nach Süleymaniye führt durch eine steppenartige karge Landschaft. Bevor die Berge auftauchen und die Straße einen kleinen Höhenrücken überwindet, liegen rechts die Ruinen des Klosters Bazian. Interessant sind die Reste des Bemas, des erhöhten Platzes inmitten der Gemeinde für die Verkündigung, den man nur noch selten vorfindet.

Die rasant wachsende, 1,6 Millionen Einwohner zählende Stadt Süleymaniye liegt 84 km östlich von Kirkuk nahe der Grenze zum Iran. Obwohl ich doch nur einen kleinen Teil dieser Stadt kennenlernte, war sie mir überaus sympathisch. Worin lag das Besondere? An der spürbaren Sicherheit? Am modernen Angebot im Bazar? An der sympathischen Bauweise? Oder an den wenigen streng muslimisch gekleideten Frauen? Oder am ausgezeichneten Essen in den Restaurants?

Besonders erinnere ich mich an ein Restaurant oberhalb der Stadt, neben der Straße in den Iran gelegen, mit einem herrlichen Ausblick in die Bergwelt Kurdistans, seinen netten christlichen Kellnern aus Alqosh oder dem jungen muslimischen Kellner, der auf der Veranda sein Mittagsgebet verrichtete!

Neues christliches Leben in Süleymaniye

Das christliche Süleymaniye ist bescheiden: Im Jahre 2006 gab es nur 150 christliche Familien. Ihre Zahl wuchs in den folgenden Jahren rasch an, weil viele Christen in das sichere Suleymaniye flüchteten und dort gut aufgenommen wurden.

Der Neubau der Kirche wurde von der Regierung finanziert. Man ist überrascht vom Kirchturm, der aus vielen Kreuzen besteht und ein deutlicher Hinweis auf die Anwesenheit der Christen ist.

Das Patriarchalvikariat Süleymaniye wurde 2013 zur Erzdiözese Kirkuk-Süleymaniye mit Sitz in Kirkuk vereinigt. Erzbischof Louis Sako bemühte sich, das bescheidene Zentrum auszubauen. Ein Priester und Schwestern, die einen Kindergarten führen, sorgen sich um die christliche Gemeinde.

In den vergangenen Jahren wurde bei einer ungenutzten Pfarrkirche vom Mönch Jens Petzold von Mar Musa/Syrien ein Kloster gegründet. Es soll dem Dialog mit den Muslimen dienen.

Trauung als Krönung

Im Hof vor dem Klostergebäude

Ein Abstecher zum Dukan-Stausee

Der Dukan-Stausee liegt ca. 50 km nordwestlich von Süleymaniye. Man erreicht ihn, wenn man von der Straße Kirkuk-Süleymaniye nach Norden abzweigt.

Durch die 1959 fertig gestellte Talsperre entstand nicht nur der größte Stausee Kurdistans, sondern auch eine Naturschönheit. Umgeben von ansehnlichen Bergen, die das Wasser durch den Zufluss des kleinen Zab liefern, ist der 270 km^2 große Stausee von enormer Bedeutung für die Stromgewinnung und die Wasserversorgung für die Region Süleymaniye, aber ebenso für den Tourismus. An seinem Südufer entstanden in unmittelbarer Nähe zur Stadt Dukan einige Hotels und Restaurants, die einladen, die Schönheit des Sees zu genießen. Ein Spaziergang an seinen Ufern ist Erholung, nicht nur für den müden Körper, auch für das Gemüt!

Ein zweites Mal kam ich mit einer Gruppe auf der Fahrt nach Süleymaniye am Dukan-Stausee vorbei. Diesmal fuhren wir vom Westen kommend weiter nördlich durch eine bezaubernde Hügellandschaft und hatten von einer Anhöhe einen wunderbaren Blick auf den großen See.

Ein Aufenthalt in einer schönen Landschaft im Nordirak ist eine wohltuende Abwechslung: keine Probleme! Im Gegenteil: Man wird beschenkt von der Schönheit der Natur und hat Zeit zum Rasten und auch zum Nachdenken:

Ihr Berge, die ihr den See umgebt, von euch kommt das viele Wasser. Wenn es euch nicht gäbe, existierte auch der See nicht. Einer ist höher als der andere und doch gehört ihr alle zusammen und bildet das eine Gebirge. Welcher Friede unter euch! Je höher der Berg, umso mehr sammelt er Wasser, und die auch im Sommer von Schnee bedeckt sind, sammeln den ganzen Winter hindurch umso mehr. Aber ihr sammelt das Wasser nicht für euch, sondern gebt es großzügig ab. Der See verdankt sich euch.

Der See hat seine Schönheit durch euer Wasser. Seine blaue Farbe kommt von euch Bergen. Alles hat er von euch! Aber auch er behält das Wasser nicht für sich, er gibt es ab, damit mit ihm Turbinen betrieben werden, Strom erzeugt wird und die Menschen Licht, Wärme und Elektrizität haben. Alle empfangen die Wohltaten von den Bergen!

Der Weg nach Norden in die Diözese Zakho

Im Jahr 2007 führte mich Erzbischof Louis Sako in die Diözese Zakho, die im Nordirak an der syrisch-türkischen Grenze liegt. Zakho ist seine Geburtsstadt, weshalb ihm die Diözese offensichtlich ein Anliegen war. Für mich aber sollte diese Diözese für die Projektarbeit in den nächsten Jahren bestimmend sein.

Zakho hat ca. 350 000 Einwohner. Da die Stadt nicht zerstört wurde, leben hier die alteingesessenen Christen und gehen ihrem Beruf nach. Das Leben in der Stadt wird weithin von der Nähe zur türkischen Grenze bestimmt, vor allem vom Schwerverkehr aus der Türkei in den Irak. Seit 2010 ist Zakho auch Universitätsstadt. Der Khaburfluss teilt sie in zwei Teile. Die Delal-Brücke, nach mündlicher Überlieferung aus der Römerzeit, ist das berühmte Wahrzeichen der Stadt.

Die Orte an der Grenze zur Türkei und zu Syrien waren von einem schweren Schicksal betroffen: Von den 23 christlichen Dörfern der chaldäischen Diözese Zakho wurden etwa ab 1973 von Saddam Hussein 20 total zerstört. Die Christen waren gezwungen, vor allem nach Mosul, Bagdad und Basra zu flüchten. Nach dem Sturz Saddam Husseins baute die Regierung der Autonomen Region Kurdistan 17 Dörfer mit Einfamilienhäusern wieder auf und siedelte auch die Bewohner der drei in den Bergen liegenden nicht aufgebauten Dörfer hier an.

Die kurdische Regierung forderte die früheren Bewohner zur Rückkehr in die neu errichteten Dörfer auf, die oft nicht an derselben Stelle aufgebaut worden waren, wo sie früher bestanden hatten. Jugendliche kannten aber ihre für sie neue Heimat nicht, denn sie waren in den genannten Städten geboren worden. Die Dorfgemeinschaften mussten sich daher erst neu zusammenfinden. Unter diesen Umständen ist es verständlich, dass häufig die Auswanderung der jungen Generation die Folge war. Viele Familien hatten in ihren Dörfern keine Wurzeln, wenig Arbeitsmöglichkeiten, aber oft Verwandte im Ausland. Sie erhielten von der Regierung zwar monatlich Geld und Lebensmittel, aber davon konnten sie nicht leben.

Bei meinem ersten Besuch im Jahr 2007 waren sie erst vor Kurzem in ihre Dörfer eingezogen. Der neue Turm der Kathedrale und die Kirchen in einigen Dörfern waren noch im Bau. In vielen Familien herrschte Armut. So bat mich der Direktor der Schule von Levo um Geld für Schuhe, damit die Kinder im Winter zur Schule kommen könnten.

Zakho

Das christliche Zakho

In Zakho gehört die größere Zahl der Christen der chaldäischen Kirche an, die hier auch ihren Bischofssitz hat. Ebenso sind noch die armenische, die assyrische und die syrisch-katholische Kirche vertreten. Die chaldäische Diözese Zakho erstreckte sich über zwei Regionen: einerseits die Stadt Zakho und die Dörfer an der Grenze zur Türkei und zu Syrien, andererseits die Provinzhauptstadt Dohuk und einige Dörfer in ihrer Nähe.

Der chaldäische Bischof Petros Harboli, der in der Nähe von Zakho aufgewachsen und seit 1970 in der Stadt als Priester wirkte, wurde 2002 zum Bischof für die Diözese Zakho geweiht. Er übernahm eine schwere Aufgabe, die er mit wenigen Priestern bewältigen sollte. Die Regierung der Autonomen Region Kurdistan errichtete zwar in jedem Dorf eine Kirche und in den meisten Dörfern auch einen Pfarrsaal, doch musste jeder Priester in einigen der neu aufgebauten Dörfer Christen betreuen. Die dem Märtyrer Georg geweihte Bischofskirche wurde von drei auf fünf Schiffe erweitert und erhielt einen von weitem sichtbaren Turm.

Bischof Petros Harboli

Bischof Petros war ein guter Gastgeber und nahm mich und meine Begleiter bei jedem Besuch in seinem Bischofshaus herzlich auf. Er begleitete uns in manches Dorf, gab gute Ratschläge und wurde über alle Projekte informiert. Er starb nach kurzer Krankheit am 3. November 2010 und wurde in der Kathedrale begraben.

Neben der Kathedrale gibt es in der Stadt noch die Pfarre mit der Marienkirche als Zentrum. Das Dorf Bedar am Rande von Zakho hat eine schöne neue Kirche und einen eigenen Priester.

In Zakho wirkt auch eine vielfach tätige chaldäische Schwesterngemeinschaft der Kongregation "Töchter der Unbefleckten Empfängnis". Sie führen einen Kindergarten und eine Grundschule, sie halten für die Kinder aus den Dörfern Katecheseunterricht, sie helfen aber auch in verschiedenen Notlagen. Die selbstlose Arbeit der Schwestern wird oft übersehen, weil sie ohne großes Aufsehen armen christlichen Familien helfen. Auch die Muslime achten sie.

Der neue Turm der Kathedrale

Von großer Wichtigkeit für die religiöse Erziehung mitten in einer muslimischen Umwelt sind die ca. zwanzig kirchlichen Kindergärten in den Dörfern der Diözese, die von Kindergärtnerinnen, die meist aus dem jeweiligen Dorf stammen, geführt werden. Während der Ferien machen sie in der Regel eine Schulung mit und arbeiten um wenig Geld für eine gute Erziehung, eine religiöse Grundlegung des Glaubens und die Vorbereitung auf die Grundschule. Man möchte die Kindergärten auf jeden Fall in kirchlicher Hand behalten, dazu braucht es aber auch entsprechende Hilfe von auswärts für Hilfsmittel und Spielsachen.

In Kontakt mit dem Volk

Erzbischof Louis Sako wies mir in der Diözese Zakho vor allem den Weg zu den Menschen. Er besuchte mit mir die wichtigsten Dörfer, wurde überall herzlich begrüßt und machte mich mit den Christen bekannt. Diese Art von Besuchen in den Dörfern bestimmte meinen weiteren Weg. Ein Priester, der das Vertrauen von Bischof Petros Harboli hatte, und ein Pensionist als Übersetzer begleiteten mich. So waren wir immer als Team unterwegs.

Eine andere Art des Dialogs war die Einladung aller Kindergärtnerinnen durch Bischof Petros, an der ich teilnahm und mit ihnen anstehende Fragen besprach. Ein Ergebnis war die Anschaffung von Kinderbüchern aus dem Libanon. Später organisierte eine Schwester den Ankauf von Spielgeräten für das Freie. Die Kindergärten in den Dörfern wurden besucht und unterstützt.

Zu einem anderen Treffen in Zakho mit P. Michaeel Najeeb OP., an dem vor allem junge Frauen teilnahmen, wurde ich eingeladen, um mit ihnen über die Lage zu sprechen. Eine überaus anregende Diskussion, bei der die Nöte und Sorgen genannt wurden, die für die Christen in der Stadt andere waren als in den Dörfern. Ein Anliegen einer jungen Frau, das mich berührt hat: Sie beklagte, dass sie in Zakho keinen Platz hätten, wo sie sich ungestört treffen könnten. Eine berechtigte Frage für Christen in einer muslimischen Umgebung!

Die christlichen Dörfer der Diözese Zakho

Östlich von Zakho liegen folgende Dörfer mit christlichen Bewohnern: Bedar, Heezawa, Nafkandala, Levo, Bersevi, Sharanish, Tashtatakh, Merga Sor und Piracca.
Westlich: Qarawella, Deiraboun, Veshkhabur, Bajida, Soria, Shekáfdale, Baghluja und armenisch und chaldäisch Azverook. In der Nähe von Dohuk liegen die Dörfer Shios und Semel.

Die Besuche in diesen Dörfern waren das Hauptziel meiner Aufenthalte in der Diözese Zakho. In der Regel verbrachte ich 4 bis 6 Tage im Bischofshaus, besprach mit dem Bischof die Vorhaben und fuhr mit dem Pfarrer der Marienkirche und dem pensionierten Englischprofessor von Dorf zu Dorf. Die Treffen verliefen je nach Dorf recht verschieden. In der Regel waren die Bürgermeister die Ansprechpartner, die vorher von meinem Besuch verständigt wurden. Von ihnen wurden wichtige Männer des Dorfes zusammengerufen. Man traf sich meist im Gemeindesaal. Die Pfarrer nahmen selten daran teil, doch sie wären die Verantwortlichen gewesen, die sich nicht nur um das Seelenheil kümmern sollten, sondern ebenso um die konkreten Sorgen der Christen, damit sie nicht ans Auswandern denken. Ohne Ausnahme waren es Gruppengespräche. Ob auch Frauen daran teilnahmen, war von Dorf zu Dorf verschieden. Sie haben oft die Lasten des täglichen Lebens zu tragen und meist ein gutes Gespür, wo der Schuh drückt. Ihre bescheidenen Wünsche erfüllte ich gerne. Die Jugend hat meistens gefehlt oder sie schwieg aus Respekt vor den Älteren oder sie war bereits ausgewandert.

Ungewohnt für einen Europäer: Die Menschen im Orient haben Zeit, weshalb man für jedes Dorf genügend davon einplanen muss. Oft nannte man die eigentlichen Wünsche erst, wenn man sagte: „Jetzt müssen wir gehen".

Bevorzugt wurden jene Projekte, die allen Christen im Dorf oder wenigstens vielen halfen. Wenn es sich um ein größeres Projekt einer Familie handelte, war ich gut beraten, die Anwesenden zu fragen, ob sie zustimmen. In der Regel kamen genügend Projektvorschläge von den Dorfbewohnern, ebenso wurden von mir Vorschläge gemacht, über die diskutiert wurde.

Ich hatte das Gefühl, überall willkommen zu sein, doch ist es weitaus wichtiger, dass sich die Dorfbewohner respektiert und nicht von oben herab behandelt fühlen. Die Dorfgemeinschaft muss bei den Gesprächen zu Wort kommen und gefördert werden.

Freilich ist man oft mit seiner Weisheit am Ende und kennt die Situation doch zu wenig. Im Laufe der Jahre lernte ich auch die etwas andere orientalische Mentalität kennen.

Für mich war diese Art der Arbeit anstrengend, aber sie betraf die konkrete Situation, schuf Kontakte und machte Freude.

Gespräch in Bajida

Gespräch in Qarawella

Die christlichen Familien hatten nach ihrer Rücksiedelung aus den Städten im Süden des Irak in ihren von der Kurdischen Autonomiebehörde aufgebauten Einfamilienhäusern ein bescheidenes Zuhause und auch ihren ehemaligen Grundbesitz (zum Teil) wieder erhalten. Ein großes Problem aber war, dass in der Zeit ihrer Abwesenheit Kurden und Yeziden bei früher rein christlichen Dörfern angesiedelt worden waren. Sie waren nicht bereit, Grund und Boden vollständig an die Christen zurückzugeben. So verloren diese häufig einen Teil ihres früheren Besitzes. Davon sind Deiraboun und Qarawella besonders hart betroffen. Die Regierung versprach zwar den beiden Dörfern die Umsiedlung der Kurden oder Yeziden, doch hielt sie die schriftlich gegebene Zusage nicht!

Ich habe mich für Qarawella um die Absiedlung der Kurden bzw. die Rückgabe von 2/3 des landwirtschaftlichen Bodens bemüht, aber ohne Erfolg. Am 11. 5. 2008 teilte die Präsidialkanzlei des Präsidiums des Ministerrates der Region Kurdistan an die Provinz Dohuk mit, dass „hinsichtlich der Sache des Dorfes Garaula (Qarawella)" beschlossen wurde, dass der Vertrag um vier Jahre verlängert wird ab Datum des Schreibens. „Die kurdischen Bewohner dieses Dorfes kehren in ihre ursprüngliche Heimat zurück und jede Familie von insgesamt 56 Familien wird mit einem Betrag von 20.000 Dollar für den Hausbau … unterstützt". Die Absiedlung sollte spätestens am 12. Mai 2012 geschehen sein.

Ich sprach bei der Repräsentanz der Kurdischen Autonomiebehörde in Wien vor und berichtete ebenso den Außenministern Dr. Michael Spindelegger und später Außenminister Sebastian Kurz. Auch Bischof Manfred Scheuer intervenierte nach seiner Irakreise 2013 beim Außenministerium. Tatsächlich wurde der Bürgermeister von Qarawella zu einem Gespräch mit einem Vertreter von Präsident Masud Barzani nach Dohuk vorgeladen, ihm wurde aber aufgetragen, über das Gespräch zu schweigen. Bei diesem Schweigen beiderseits ist es verblieben. Die *Initiative Christlicher Ori-*

Ein schön gepflegtes Haus in Qarawella

ent hat 2012 im Hinblick auf die versprochene Rückgabe des Eigentums die landwirtschaftliche Ausrüstung für Qarawella angeschafft, aber leider vergeblich!

Das Dorf Qarawella

In den Dörfern der Diözese Zakho leben die Christen nicht nur von den Erträgnissen des Ackerlandes, sondern ebenso von der Schafzucht. Daher wurde von der *Initiative Christlicher Orient* der Ankauf von Schafen großzügig gefördert: Bei einer Aktion im Jahre 2008 kauften wir 320 Schafe und in den folgenden Jahren wiederholt eine kleinere Anzahl, wenn darum gebeten wurde. Dadurch wurden die Schafherden vergrößert, damit der Eigenbedarf an Schaffleisch, aber ebenso ein Einkommen aus dem Verkauf von Schafen gewährleistet.

Falls die Christen nach ihrer Rückkehr Grund und Boden zurück erhielten, besaßen sie dennoch keine landwirtschaftlichen Maschinen. Die im Allgemeinen praktizierte Lösung war die Bearbeitung der Felder durch kurdische Bauern, die dafür 50% des Ertrages beanspruchten. Fünf Dörfer erhielten von der *Initiative Christlicher Orient* die komplette landwirtschaftliche Ausrüstung, um die Felder selbst bestellen zu können. Sie bekamen einen gebrauchten Traktor, einen Pflug, eine Egge, eine Sämaschine und einen einfachen Wagen. Und was geschah mit der Ernte? In dieser Hinsicht war die Lage günstig, weil die Regierung der Autonomen Region Kurdistan das dringend benötigte Getreide aufkaufte, so dass keinerlei Absatzschwierigkeiten gegeben waren. Ein Problem war, dass zumindest die jüngere Generation keine Erfahrung mit landwirtschaftlicher Arbeit hatte. Gewächshäuser brachten in Nafkandala nicht nur Arbeit, sondern für das Dorf eigenes Gemüse und ein Einkommen.

Manche Männer fanden andere Arbeiten und hatten für ihre Familien ein Einkommen, viele aber waren arbeitslos. Was ist in einer solchen Situation näherliegend als auszuwandern?

Landwirtschaftliches Gerät in Merga Sor

Traktor und Wagen

Weil öffentliche Verkehrsmittel fehlten, war es für die christlichen Dörfer wichtig, Minibusse und Busse anzuschaffen, die vor allem Arbeitern und Schülern zugute kamen, aber auch Fahrten für die Dorfbewohner zum Besorgen der notwendigen Utensilien ermöglichten. In fast allen Dörfern gab es zwar eine Volksschule, in den größeren Ortschaften auch eine Secundary School. Wollten Schüler eine höhere Stufe der Schule besuchen, bedurfte es einer Fahrmöglichkeit. Am Freitag, dem staatlichen Feiertag, wurden mit diesen Fahrzeugen die Kinder auch zur Katechese nach Zakho gebracht. So wurden einige Minibusse und acht Busse mit 28 Sitzen angeschafft.

In den Dörfern begegnet man häufig findige Menschen, die sich mit Arbeit und Fleiß eine bescheidene Existenz aufbauen: ein kleines Geschäft errichten, als Schneider oder Friseure arbeiten oder Lebensmittel wie z. B. Kuskus produzieren. Eine Hilfe der *Initiative Christlicher Orient* hat diese kleinen Projekte ermöglicht. Ebenso wurden in Deiraboun und Bersevi 9 bzw. 6 Geschäfte errichtet, die von verschiedensten Berufen angemietet wurden und der Pfarre ein Einkommen brachten.

Ein Bus zur Beförderung der Schüler

Beim Frisör

Die neun Geschäftsräume in Deiraboun

Von großer Bedeutung war die Erweiterung von Einfamilienhäusern: Wenn nämlich die Kinder zu Erwachsenen wurden und heirateten, wollten die jungen Familien ihren eigenen Wohnbereich. Als erstes wurden wir in Nafkandala um die Erweiterung eines Einfamilienhauses gebeten. In diesem Fall wohnten Eltern, zwei verheiratete Söhne mit Kindern und zwei unverheiratete Schwestern in zwei Räumen, teilten sich eine Küche und einen Hausgang, in dem die Eltern schliefen. Völlig unzumutbar! Ich fragte die versammelte Dorfgemeinschaft, ob sie mit der Erweiterung einverstanden wären. Es kam eine kräftige Antwort: Ja! Die *Initiative Christlicher Orient* finanzierte zwei Räume, über die die Familien glücklich waren.

Solange solche Notsituationen von der einheimischen Kirche nicht gesehen werden und Hilfsorganisationen nicht an dieser Basis mit konkreter Hilfe ansetzen, werden die Probleme durch Auswanderung gelöst. Diese Not sollte zuerst von der Kirche vor Ort gesehen werden. Noch in zwei anderen Dörfern wurden aus demselben Grund Häuser erweitert.

Hauserweiterung im Bau

Ein Teil der Familie

Weil Bischof Harboli großen Wert auf den Erhalt der ca. 20 christlichen Kindergärten legte, errichtete die *Initiative Christlicher Orient* in dem großen Dorf Levo einen neuen Kindergarten, wofür ein Grundstück neben der Kirche angekauft werden musste. In anderen Dörfern wurden die Kindergärten mit Spielen und Büchern maßgeblich unterstützt.

Die vielen übrigen Projekte können nicht aufgezählt werden: u. a. ein Pfarrsaal, Kircheneinrichtungen, Wassertanks, Bienenstöcke, Lernbehelfe, Sportartikel …

Kindergarten in Levo

Piracca am Khabur

Drei Dörfer möchte ich eigens vorstellen, weniger wegen der wirtschaftlichen Verhältnisse, sondern wegen ihrer schönen landschaftlichen Lage: Piracca, Sharanish und Veshkhabur.

Man fährt von Zakho auf der südlicheren Straße nach Osten und biegt vor dem Dorf Merga Sor nach rechts von der Hauptstraße ab. Auf einer schlechten Schotterstraße geht es durch ein schönes Hügelland, dann steil hinunter in eine Ebene am Khaburfluß, in der das kleine Dorf Piracca liegt. Es wird nicht mehr von vielen christlichen Familien bewohnt, weil die meisten ausgewandert sind. Aber die Landschaft ist wunderschön! Tief eingeschnitten fließt der Khabur, eingesäumt von einem reichen Baumbestand.

Oft saß ich dort in einem gepflegten Garten und besprach die Sorgen des Dorfes, dessen Reichtum ein großes ebenes Ackerland und weite Weideflächen für Schafe sind. Für die Bewässerung der Äcker und den Anbau von Gemüse wird Wasser vom Fluss gepumpt. Wegen seiner schönen Lage wird das Dorf gerne von Einheimischen besucht, um es sich bei einem Picknick im Freien gemütlich zu machen.

Piracca in seiner schönen Umgebung

Besprechung in schöner Landschaft

Der Khabur in Piracca

Sharanish

Sharanish liegt 27 km östlich von Zakho in einer bezaubernden Gebirgsgegend. Man zweigt in Heezawa nach Nordosten ab und muss einen Bergrücken überqueren, um ein schönes Tal zu erreichen. Doch Sharanish liegt oberhalb dieses Tales. Das Dorf wurde 1980 durch die irakische Armee völlig zerstört, und die Einwohner flohen nach Mosul und Bagdad, weshalb die neu errichteten Häuser in Reih und Glied dastehen und keinerlei Reiz bieten.

Das Dorf ist zweigeteilt: im unteren Bereich wohnen Kurden, im oberen Bereich etwa 80 chaldäische Familien. Obwohl in den Bergen gelegen, hat es Elektrizität und eine eigene Schule. Die Nähe zur türkischen Grenze und die PKK in den umgebenden Bergen machen das Leben zeitweise unsicher. Meine Begegnung mit einem bewaffneten PKK-Kämpfer, der aus der Türkei stammte und gut Englisch sprach, und bei einem anderen Besuch des Dorfes eine Straßensperre der PKK machten die Sorgen der Dorfbewohner begreiflich.

Sharanisch hat ein kühles Klima, weshalb es im Sommer gerne aufgesucht wird. Es hat gutes Wasser von den Bergen, reichlich Obstbau und eine gute Umgebung für Bienenzucht. Unterhalb des Dorfes zieht ein Wasserfall die Menschen an. Ob man in Richtung türkischer Grenze oder in die Gegenrichtung fährt: immer eine bezaubernd schöne Landschaft!

Die Lage von Sharanish   *Gespräch in Sharanish*

Die herrliche Landschaft

Veshkhabur

Der Tigris prägt die Gegend um Veshkhabur und bildet zugleich die Grenze zu Syrien. Am Dorf vorbei führt eine wichtige Verbindungsstraße Türkei-Irak und über eine Brücke nach Syrien. Das Dorf hatte immer schon Bedeutung. Es wurde von Saddam Hussein zerstört und an einem anderen Platz wieder aufgebaut. An die Zeit davor erinnern noch die mächtige Ruine des Hauses des Aghas und eine Kaserne Saddam Husseins auf einer Anhöhe zum Schutz der Grenze zu Syrien. Wo das frühere Dorf lag, befindet sich ein Zentrum für die Erdölförderung,

Veshkhabur hat ca. 180 chaldäische Familien, die ihren Grundbesitz wieder zurückerhalten haben. Vom Kindergarten bis zur Mittelschule ist für die Bildung der Kinder und Jugendlichen bestens gesorgt. Die neue Marienkirche ist außerhalb des Dorfes an der Stelle einer älteren kleinen Kirche erbaut worden. Unmittelbar neben ihr kann man in eine alte unterirdische Kirche hinabsteigen. Am Ufer des Tigris wird in einer natürlichen Felsengrotte eine Lourdesstatue verehrt. Das Wasser aus den Felsen ist wegen ungesunder Stoffe unbrauchbar.

Von der Marienkirche aus hat man einen herrlichen Blick auf den Tigris, der stromaufwärts das Wasser des Khabur aufnimmt. Der Tigris teilt das Land in zwei gegensätzliche Welten!

Das Dorf am Tigris und Syrien gegenüber

Inneres der neuen Kirche

Der Tigris bei Veshkhabur

Fest des Kirchenpatrons

Ein besonderes Erlebnis ist in allen Dörfern das Fest des Kirchenpatrons. In Veshkhabur verehrt man den beliebten heiligen Georg. Von weit und breit strömen am 24. April jeden Jahres die Christen herbei und feiern zu Tausenden das Fest. Die kleine Georgskirche steht am westlichen Rand des Dorfes mit Blick auf den Tigris, an dessen gegenüberliegendem Ufer ein syrisches Dorf denselben Patron feiert. Viele haben die Nacht bereits in Zelten verbracht.

Erzbischof Louis Sako fuhr eigens von Kirkuk nach Veshkhabur, um das Patrozinium mitzufeiern und nahm mich mit. Er konzelebrierte mit dem Ortsbischof Petros Harboli, ich wollte fotografieren. Auch Vertreter der Politik und des Militärs waren anwesend.

Zeltlager zum Festtag

Prozession zum Freialtar

Chor

Altar mit den Bischöfen Harboli und Sako

Bildnis des hl. Georg

St. Georgskirche

Dohuk und die Dörfer Shios und Semel

Der Name Dohuk bedeutet „Kleines Dorf". Das war einmal. Heute hat Dohuk etwa eine halbe Million Einwohner und ist weiter im Wachsen. Es liegt in 500 m Seehöhe eingebettet zwischen Bergen und hat ein gemäßigtes warmes Klima. Dohuk ist die Hauptstadt der gleichnamigen Provinz und seit 1992 Universitätsstadt.

Dohuk war für mich häufig nur Zwischenstation zum Übernachten. Damit hatte ich zwar mit Priestern und Ordensschwestern, aber kaum mit Christen Kontakt. Seit 2013 ist Dohuk Bischofssitz der Diözesen Zakho und Amadiya, die zu einer Diözese zusammengelegt wurden.

In Dohuk leben etwa 1000 alteingesessene christliche Familien, seit 2007/08 einige hundert Flüchtlingsfamilien. Es gibt mehrere Kirchen und Ordensgemeinschaften mit kirchlichen Einrichtungen. Die christlichen Familien blieben von den Schwierigkeiten der Dörfer an der Grenze verschont und stellen doch eine ansehnliche christliche Präsenz dar.

Nördlich von Dohuk liegt das Dorf Shios. In der Ebene befindet sich das alte Dorf mit Kirche und Schule und einigen Häusern, das neue Dorf liegt auf einer Anhöhe, hat ansehnlich schöne

Pfarrer Kyriakos – ein guter Hirte

Häuser und entwickelt sich zu einer vornehmen Siedlung für besser situierte Christen, die von Dohuk hierher übersiedeln. Der eifrige Pfarrer Kyriakos betreut das Dorf, aber auch die wenigen Christen von Semel, das auf der gegenüberliegenden Seite der Straße nach Zakho liegt. Ich besuchte gerne Shios, weil ich die gute Atmosphäre und den Eifer spürte und an beiden Orten in vielfacher Weise half.

Blick auf Dohuk

Im Sapnatal

Im Sapnatal, das sich östlich von Dohuk bis nach Amadiya erstreckt, liegen einige christliche Dörfer. Zunächst muss seine landschaftlich Schönheit hervorgehoben werden: Es ist von Bergen mit über 2.000 m Höhe umgeben, von denen reichlich Wasser kommt, und wenn sich dazu Sonne gesellt, ist das Land fruchtbar. Vor allem gedeihen in diesem Tal Obst und Wein. Nicht von ungefähr gefiel dieses Tal auch Saddam Hussein! Ich hatte erst seit September 2008 nähere Kontakte mit den Dörfern in diesem Tal, besonders mit der Pfarre Enishke. Sie gehören zur ehemaligen Diözese Amadiya, die von Bischof Rabban Al Qas geleitet wurde.

Mangesh: Etwas abgelegen auf halbem Weg zwischen Dohuk und dem Sapnatal liegt die christliche Stadt Mangesh mit ca. 250 christlichen Familien. Sie ist der größte christliche Ort der Diözese Amadiya und war lange Zeit Sitz eines Bischofs. Die alte Kirche und die alten Häuser aus Lehm mit Flachdach, gedeckt mit einem Gemisch von Lehm und Stroh, zeigen das Alter von Mangesh. Ein großer neuer Pfarrsaal zeugt vom religiösen Leben in der Pfarre.

Kirche Sultana Mahdokhte

Im Kloster der „Schwestern vom Heiligsten Herzen Jesu" hatte ich eine interessante Begegnung mit dem Bürgermeister. Auf die Frage, warum man keinen Handel mit den vielen Früchten treibe, antwortete er: Früchte, Trauben oder Marmelade kämen so billig aus der Türkei, dass sich ein Handel nicht lohne, das Ergebnis einer falschen Politik der Regierung, die das Transportwesen fördere, damit aber die einheimische Produktion schädige.

Araden: Bevor man Enishke erreicht, liegt ca. 20 km davor der erwähnenswerte Ort Araden, der nach Amadiya sogar Bischofssitz war. Hier wohnten bis 1950 Christen und Juden friedlich zusammen. Doch wurde Araden, das 3000 Einwohner hatte, 1980 dem Erdboden gleichgemacht. Erst nach 2013 kehrten ca. 70 chaldäische Familien wieder von Bagdad und Mosul in das Dorf zurück. Sie sprechen einen aramäischen Dialekt.

Das Juwel von Araden ist die alte, etwas abseits gelegene Kirche Sultana Mahdokhte, einem persischen Heiligen.

Amadiya, die „Stadt am Berge" in 1400 m Seehöhe, ist nur 15 km von der türkischen Grenze entfernt. Der Anblick dieser Stadt ist beeindruckend. Die ca. 6.000 Einwohner sind Muslime. Mit dem Bischof machte ich eine Autorunde durch die Stadt, vorbei am alten Bischofshaus. Amadiya ist auch einer der Schauplätze für Karl Mays „Durchs wilde Kurdistan".

Amadiya, die Stadt am Berg

Enishke

Das große Dorf Enishke liegt auf etwa 1250 m Seehöhe. In der Pfarre (Enishke und den dazugehörigen Dörfern) lebten 2013 etwa 350 chaldäische Familien. Durch seine Lage könnte es in Zukunft ein Touristenzentrum werden.

Oberhalb des Dorfes befinden sich die Ruinen des berühmten Klosters Yousif Hazaya mit zahlreichen Einsiedlerhöhlen aus dem 10. Jahrhundert. Ebenso ist in der Nähe des Dorfes in einer natürlichen Felsenhöhle ein Restaurant untergebracht, das während der Sommerhitze Gäste anlockt.

Unmittelbar neben Enishke ließ Saddam Hussein auf einem kleinen Hügel einen Palast bauen, von einer Mauer umgeben und innerhalb der Mauern zwei kleine Seen anlegen. Das Dorf verlor seine Obstgärten und viel Land. Nach wie vor stört die Mauer an der Grenze des Dorfes. Saddam Hussein wusste offensichtlich, wo es schön und sicher ist. Der Palast wurde nur von 1988 bis zu seinem Kampf gegen die Kurden 1991 benützt. Seither ist er eine ausgeraubte Ruine. Das Dorf wurde in diesen Jahren streng kontrolliert, aber Saddam Hussein besuchte es auch und sprach mit den Bewohnern. Viele Christen verließen vorübergehend Enishke. Nach 1991 wurden Kurden angesiedelt, die 2013 den Ort wieder verließen. Die Bewohner kehrten in ihre Heimat zurück.

Ein zweiter Palast Saddam Husseins ist an der höchsten Stelle der südlich von Enishke gelegenen Bergkette sichtbar.

Ruine des Palastes Saddam Husseins

Enishke vom Palast Saddam Husseins aus gesehen

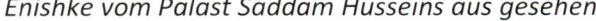

Enishke – eine lebendige Pfarre

Nach den turbulenten Jahren der Kämpfe zwischen Saddam Hussein und Kurden galt es, in Enishke eine neue Dorfgemeinschaft aufzubauen. Es ist eine Freude, dort einige Zeit zu verbringen! Die jungen Familien schaffen eine erfrischende Atmosphäre, die vielen Kinder beleben das Dorf und Pfarrer Samir Yousif organisiert und beseelt das Gemeindeleben. Deshalb wurde von der *Initiative Christlicher Orient* in vielfacher Weise geholfen: ein Sommerlager für die Schüler wurde finanziert, Jugendlichen die Teilnahme am Weltjugendtag in Polen ermöglicht, einige Familien wurden wirtschaftlich unterstützt.

In der Runde, die auf dem Foto zu sehen ist, besprachen wir den Neubau eines Kindergartens, der 2013 realisiert wurde. Damit wurden die Eltern entlastet, ein Beitrag zur religiösen Erziehung der Kinder geleistet und Arbeit für die Dorfbewohner geschaffen.

Ein Haus für die Katechese mit einem Saal für Veranstaltungen wurde von mir noch initiiert und mitgeplant, denn jeden Freitag besuchen ca. 120 Schüler den Katecheseunterricht, doch die nötigen Räume fehlten. Der Flüchtlingsstrom hat die Verwirklichung um mindestens ein Jahr verzögert. Die *Initiative Christlicher Orient* hat damit eine wichtige Hilfe für die Pastoral geleistet. *Kirche in Not* hat etwa die Hälfte zum Katechesehaus beigetragen.

Die Patronin der Kirche ist die heilige Shmuni, die Mutter der sieben makkabäischen Brüder (2 Makk 7), die 168 v. Chr. unter König Antiochus IV. wegen ihrer Treue zu Gott grausam ermordet wurden. Viele Kirchen im Orient sind ihnen geweiht.

Shmuni, die Patonin der Kirche

Die Pfarrkirche

Besprechung mit Pfarrer Samir

Kindergarten (Photo Pfarrer Samir Yousif)

Die Zukunft hat schon begonnen

Was will man gegenwärtig über die Zukunft des Orients sagen? und über die dortigen Christen? Man ist sprachlos über das Gegenwärtige, und was wird morgen sein? Der Wurzelboden des Christentums ist mit viel Blut getränkt!

Doch die Zukunft hat in einer anderen Weise bereits begonnen: in den Kindern und Jugendlichen. Dafür muss alles getan werden. Noch schauen sie unbekümmert in die Welt. Doch die Realität der Entwicklung wird sie einmal einholen. Wird ihnen das fröhliche Lachen vergehen?

Für die jungen Menschen Zukunft zu bereiten, war in vielfacher Weise mein Bemühen: in der Hilfe für kinderreiche Familien, im Bau von zwei Kindergärten, in der vielfachen Hilfe für die Jugendlichen um eine gute Ausbildung in den Schulen oder für einen Beruf, in der Unterstützung von pastoralen Projekten zur Förderung der religiösen Erziehung oder für die musikalische Gestaltung der Liturgie.

Alqosh – die Stadt des Propheten Nahum

Beeindruckend ist die chaldäische Stadt Alqosh 30 km nördlich von Mosul mit dem Kloster Rabban Hormizd am Bergabhang und dem neuen Kloster „Maria im Ährenfeld" in der Ebene.

Alqosh war in der Antike eine bedeutende assyrische Stadt. In ihr lebte zwischen 664 und 612 v. Chr. der Prophet Nahum, an den sein Sarkophag in der Ruine der Synagoge erinnert. Sie hat eine wechselvolle Geschichte und wurde wiederholt in Kriege verwickelt.

Die Stadt mit ihren engen Gassen, schönen alten Steinhäusern und vor allem selbstbewussten Einwohnern gehört nicht zur Autonomen Region Kurdistan. Einerseits liegt sie am Abhang des Berges, andrerseits ist die vor der Stadt liegende Ebene sehr fruchtbar. Man lebt von der Landwirtschaft, wobei das begehrteste Produkt der Käse von Alqosh ist.

Alqosh hat etwa 10.000 Einwohner, die der Chaldäischen Kirche angehören und einen aramäischen Dialekt sprechen, doch auch Arabisch und Kurdisch. Erst 1960 wurde eine eigene Diözese gegründet, zu der in acht Pfarreien ca. 22.000 Christen gehören. Der neue Bischofssitz liegt am Rande der Stadt, die Diözese wird derzeit von Bischof Mikha Pola Maqdassi geleitet. Alqosh hat außer der dem hl. Georg geweihten Kathedrale noch einige andere Kirchen, in denen reges religiöses Leben herrscht. Die Bewohner sind stolz auf ihre Stadt, aus der einige Patriarchen der Chaldäischen Kirche stammen.

In Alqosh gab es viele Begegnungen mit Bischof Mikha, mit dem über die Lage diskutiert wurde, mit den Priestern, den Männern, die sich für Projekte interessierten, mit Jugendlichen und Schülern beim Katecheseunterricht und mit vielen Menschen auf den Straßen.

Der Pfarrer zeigt den Thoraschrein

Blick auf die Kathedrale von Alqosh

Kloster Rabban Hormizd

In einem weiten Tal ca. 2 km oberhalb von Alqosh liegt das bekannteste Kloster im Nordirak Rabban Hormizd, gegründet im Jahre 640. Durch eine neugebaute Straße ist es für die vielen Besucher leicht erreichbar. Es birgt eine Kirche und Kapellen, die Gräber von neun Patriarchen, einen Speisesaal und andere Räume, die gänzlich aus dem Felsen gearbeitet wurden. In der Nähe sind Felshöhlen zu sehen, die von Ein-

Patriarchengräber

siedlern bewohnt wurden. Vom 10. bis 12. Jahrhundert blühte in diesem Kloster die Wissenschaft. Es gehörte ursprünglich zur Assyrischen Kirche des Ostens und war lange Zeit ihr Patriarchensitz. Im 16. Jahrhundert ging Abt Yohanna Sulaqa eine Union mit Rom ein und begründete damit die Chaldäische Kirche. Es wurde wiederholt von Feinden angegriffen. Während des Kurdenaufstandes im Nordirak um 1970 verließen es die Mönche.

Rabban Hormizd ist ein hervorragendes Zeugnis für die Geschichte des Christentums im Irak, die eng mit der nahen Stadt Alqosh verbunden ist. Vom Kloster bietet sich dem Besucher ein großartiger Ausblick in die Ebene und auf das Marienkloster, das ich wegen des Altarbildes der Kirche gerne „Maria im Ährenfeld" nenne. Dieses Kloster ist eine große Anlage aus dem Jahre 1861, die von einigen Mönchen besiedelt ist. Es wird das „Untere Kloster" genannt und hat die Tradition des oberen Klosters Rabban Hormizd weitergeführt. Ich besuchte es wiederholt.

Blick von Rabban Hormizd in die Ebene

Maria im Ährenfeld

Die Ninive Ebene und das Kloster Mar Mattai

Durch die Ninive Ebene führte zwar öfters mein Weg in den Norden, einige Orte habe ich auch besucht, doch wurden keine Projekte besprochen. Die Christen in den kleinen Städten und Dörfern hatten in der jüngsten Vergangenheit keine größeren Katastrophen erlebt und bedurften deshalb auch keiner akuten Hilfe.

Doch änderte sich die Situation etwa ab dem Jahr 2006 mit der Bedrohung der Christen in Mosul durch die Wahabiten. In den folgenden beiden Jahren wurden etwa 15.000 Christen aus der zweitgrößten Stadt des Irak vertrieben. Sie wurden von den Christen in der Ninive Ebene mit vorbildlichem Engagement aufgenommen. Viele Familien gaben den Flüchtlingen Herberge bei sich, Schulen und Säle wurden entsprechend adaptiert, damit sie vorübergehend eine Bleibe hatten. Die Wahabiten haben gründliche Vorarbeit geleistet für die weitaus radikalere Vertreibung der Christen durch den IS im Jahre 2014.

In Alqosh erlebte ich ein unvergessliches Zeugnis einer guten Nachbarschaft zwischen Christen und Muslimen: Mit zwei kleineren Transportern brachten Muslime aus Mosul Lebensmittel und notwendiges Inventar den geflüchteten und in Mosul benachbarten Christen.

Flüchtlinge in einem Saal   *Auto mit Inventar*

In der Ninive Ebene liegt 20 km nördlich von Mosul am Abhang des Berges Alfaf das syrisch-orthodoxe Kloster Mar Mattai, das älteste Kloster des Irak, gegründet im Jahre 363. Trotz vieler Katastrophen im Laufe der Zeit wurde es zu einer imposanten Anlage ausgebaut. Es ist Sitz eines Erzbischofs und beherbergt eine lebendige Mönchsgemeinschaft. Im Beth Kadishe, dem „Haus der Heiligen", ist Bar Hebräus (+1286), Maphrian und Universalgelehrter, bestattet.

Kloster Mar Mattai

Qaraqosh

Qaraqosh liegt ca. 30 km von Mosul entfernt. Mit mindestens 40.000 Christen, die vor allem der Syrisch-katholischen und Syrisch-orthodoxen Kirche angehören, ist Qaraqosh die Stadt mit der höchsten Zahl an Christen in der Ninive Ebene. Die Stadt wird neben Qaraqosh (türkisch) auch Bakhdida (syrisch) oder al-Hamdaniyya (arabisch) genannt.

Ich übernachtete bei jedem Besuch im Priesterseminar, von dessen Dachterrasse man einen guten Überblick über die Stadt hat. Gegen Süden ist ein Minarett sichtbar, um das sich Kurden angesiedelt haben. Mir wurde erzählt, dass in der Ninive Ebene von Muslimen Grund und Besitztümer der Christen mit ausländischer Hilfe aufgekauft werden.

In Qaraqosh erlebte man ein reges Leben der Christen. In einem Haus wohnten ein Dutzend Priester, die von dort aus Pfarreien und Institutionen betreuten. In einem großen Pastoralzentrum tummelten sich die Kindergartenkinder, die Schüler besuchten dort den Katecheseunterricht, mit dem Radiosender „Voice of Peace" wurde die nähere Umgebung erreicht. Das Haus diente ebenso den Bedürfnissen der Erwachsenenseelsorge.

Radiosender „Voice of peace"   *Studentinnen*

Blick über Qaraqosh

Zwei Kirchen im Stadtzentrum von Qaraqosh beeindrucken: Die der Unbefleckten Empfängnis Marias geweihte und 1949 fertig gestellte syrisch-katholische Kathedrale, eine der größten Kirchen im Vorderen Orient, und die 2008 in einem sympathischen Stil erbaute syrisch-katholische Kirche, die Mar Behnam und seiner Schwester Sarah geweiht ist.

Ebenso war das Priesterseminar der syrisch-katholischen Kirche ein Neubau, in das Erzbischof Yohanna Petros Mouche aus Sicherheitsgründen von Mosul übersiedelte und zugleich dessen Rektor war. Die Nähe zu Mosul legte es nahe, die Zufahrt nach Qaraqosh strengstens zu kontrollieren und die Kirchen ständig von zivilen Wächtern bewachen zu lassen. Die Lage verschärfte sich, als im Mai 2010 die Busse überfallen wurden, die Studenten von der Ninive Ebene nach Mosul an die dortige Universität brachten.

Der emeritierte syrisch-katholische Erzbischof von Qaraqosh, Basil Georges Casmoussa, antwortete auf die Frage, wie es denn gehe: „Heute ist es besser als morgen, und gestern war es besser als heute".

Syrisch-katholische Kirche

Syrisch-katholische Kathedrale

Qaraqosh: Turm der syrisch-orthodoxen Kathedrale, die dem Märtyrer Georg geweiht ist, dessen bronzene Reiterstatue links neben dem Turm steht

Karamles

Die Stadt mit etwa 10.000 Einwohnern hatte in der Geschichte große Bedeutung. In ihrer Nähe besiegte 331 v. Chr. Alexander der Große den Perserkönig. Sie wurde im Lauf der Geschichte öfters zerstört und wieder aufgebaut. Kurze Zeit war sie Sitz des „nestorianischen" Patriarchen. Die meisten Christen gehören heute zur Chaldäischen Kirche. Am Eingang der Stadt liegt auf einem antiken Hügel die Kirche der hl. Barbara.

Grab von Pfarrer Ragheed Ganni

Die Besuche galten vor allem der größten und erst 1963 geweihten Kirche Mar Addai, in der in einem Raum hinter dem Presbyterium der Priester Ragheed Ganni begraben wurde. Nachdem er sein Ingenieurstudium abgeschlossen hatte, studierte er in Rom Theologie und wurde 2001 zum Priester geweiht. Er hätte in Rom bleiben können, doch wollte er zu seinen Gläubigen nach Mosul zurückkehren, wo er Pfarrer an der Heilig Geist-Kirche und Sekretär des neun Monate später ermordeten Bischofs Paulos Faraj Rahho war.

Nach der Messe am Dreifaltigkeitssonntag, dem 3. Juni 2007, wurde sein Auto auf dem Heimweg von Wahabiten gestoppt. Er wurde gefragt, warum er seine Kirche nicht geschlossen habe, worauf er antwortete: „Wie könnte ich das Haus Gottes schließen". Daraufhin wurden er und seine Begleiter erschossen. Sein Begräbnis leitete Bischof Rahho. Dieser konnte nicht ahnen, dass ein Jahr später auch sein Grab vorübergehend neben dem seines Sekretärs sein wird. Es macht betroffen, am Grab eines Märtyrers unserer Tage zu beten.

In Karamles besuchte ich wiederholt die Familie der Schwester von Patriarch Louis Raphael Sako, die aus Mosul hierher geflüchtet war.

Kirche Mar Addai

Kloster Mar Behnam

Nur einige Kilometer entfernt liegt südöstlich von Qaraqosh in der Nähe von Nimrud das Kloster Mar Behnam, dessen Kirche aus der Zeit um 1250 stammt. Durch seine großartige künstlerische Ausstattung überragt es alle anderen alten Klöster in der Umgebung von Mosul.

Nach der Legende lebte Mar Behnam im 4. Jahrhundert und war der Sohn des assyrischen Königs Sinharib. Auf einer Jagd am Berg Alfaf begegnete er dem Mönch Mattai, ließ sich von ihm taufen und wurde sein Schüler. Er brachte auch seine Schwester Sarah zu ihm, die der Mönch vom Aussatz heilte und ebenso taufte. Der König versuchte vergeblich, sie vom christlichen Glauben abzubringen und sandte Soldaten, die sie in der Nähe von Nimrud töteten. Später bereute der König seine Untat, ließ sich ebenfalls taufen und gründete das Kloster Mar Mattai. Ein persischer Kaufmann errichtete im 6. Jahrhundert an der Stelle des Martyriums der beiden Heiligen ein Heiligtum.

Die ersten sicheren Nachrichten über das Kloster beziehen sich auf Renovierungen im Jahre 1164 und zwischen 1250 und 1261. Aus dieser Zeit stammt die heutige Kirche, doch das Grabmal dürfte aus früherer Zeit stammen. Die Klosteranlage ist wie eine Festung von Mauern umgeben, der Grabbau hinter der Kirche liegt aber außerhalb dieses Bereichs. Das Kloster gehörte ursprünglich zur Syrisch-orthodoxen Kirche, wurde aber 1839 von der Syrisch-katholischen Kirche übernommen.

In den Grabbau des hl. Behnam und seiner Schwester Sarah gelangte man durch einen Vorbau, von dem ein unterirdischer Gang zur runden und von einer Kuppel bedeckten Grabkammer führte. In einer ehemaligen Nische ruhten die beiden Heiligen.

Grabanlage für die Heiligen Behnam und Sarah

Im Juli 2014 übernahm der IS das Kloster, zerstörte die Kreuze und verbrannte die wertvollen Bücher der Bibliothek. Im März 2015 wurde die Grabanlage der Heiligen gesprengt.
Die kostbare Innenausstattung ist in meinem Buch „Baum des Lebens" beschrieben.

Vorderfront der Klosterkirche Mar Behnam

Offizielle Besuche im Nordirak

Die vielen Besuche des Irak zwischen 1991 und 2013 machte ich meist in Begleitung, selten allein. Ich wollte das interessante Land zeigen und über die durchgeführten und anstehenden Projekte informieren.

In den Jahren 2008 und 2013 führte ich je eine offizielle Delegation in den Nordirak. Diese Reisen galten vorzüglich der Information über die Lage der Christen und dem Kontakt mit Bischöfen, Imamen und Politikern. Diese zwei offiziellen Besuche sollen hier vorgestellt werden.

Besuch einer Delegation der Österreichischen Bischofskonferenz

Vom 17. bis 24. Oktober 2008 besuchte eine offizielle Delegation der Österreichischen Bischofskonferenz unter Führung des Wiener Weihbischofs Dr. Franz Scharl die Christen im Nordirak. Es nahmen daran teil: Ing. Heinz Hödl (Koordinierungsstelle der ÖBK), Christoph Petrik-Schweifer (Caritas), Mag. Robert Mitscha-Eibl (Kathpress) und der Autor (ICO). Das Ziel des Besuches war: authentische Informationen über die Lage der Christen, Solidarität bekunden, die Lage der aus Mosul vertriebenen Christen kennenlernen, die Meinung von Persönlichkeiten über die Zukunft der Christen hören, konkrete Hilfsmöglichkeiten erkunden und entwickeln.

Nach der Ankunft in Erbil wurde die Zitadelle der Stadt besucht. In Ankawa zeigte man uns kurz das Babel College, und im Seminar St. Peter konnten wir mit dem damaligen Rektor Bashar Warda, den Professoren und den Seminaristen anregende Gespräche führen.

Ein erster Höhepunkt war der Sonntag in Kirkuk. Erzbischof Louis Sako gab ausführliche Informationen über die gegenwärtige Lage. Er organisierte einige Begegnungen: Vier Imame kamen in das Bischofshaus und bekundeten ihre Sympathie für die Christen; ein Komitee für interkulturellen Dialog beteuerte seine Abscheu gegenüber der Gewalt an Christen; bei einem Besuch im Rathaus sagten der Bürgermeister und der Vorsitzende des Stadtparlaments deutlich, die Christen hätten hier ein Lebensrecht. Dabei hatte man keineswegs den Eindruck, dass sie bloß der Delegation gegenüber schön redeten, sondern ihre Überzeugung ausdrückten. Ein namhafter Vertreter sagte: „Sagen Sie der Welt, wir haben nichts gegen die Christen!" Am Abend waren die Sonntagsmesse und das anschließende Treffen im Pfarrsaal eine überaus lebendige Begegnung mit den Christen.

Die Delegation trifft eine interreligiöse Gruppe im Bischofshaus in Kirkuk

Auf der Fahrt in den Norden der Autonomen Region Kurdistan wurde ein Abstecher nach Karamles gemacht und in der Kirche Mar Addai an den Gräbern der beiden Märtyrer Erzbischof Paulus Faray Rahho von Mosul und seinem Pfarrer Ragheed Ganni gebetet.

In Bartella, Alqosh und anderen Orten der Ninive Ebene wurden wir mit der Tragödie der aus Mosul vertriebenen Flüchtlinge konfrontiert. Die Delegation war sehr betroffen von der Situation, und die Caritas Österreich versprach Hilfe.

Es war selbstverständlich, dass einige Projekte der *Initiative Christlicher Orient* in den Dörfern der Diözese Zakho besucht wurden, die damals freilich noch in den Anfängen steckten. Es wurde den Teilnehmern die unbedingte Notwendigkeit einer wirksamen Unterstützung bewusst. In Enishke im Sapnatal traf die Delegation den Bischof von Amadiya, Rabban al-Qas, der sie in die von ihm begründete International High School in Dohuk führte, mit der er das gegenseitige Vertrauen unter den christlichen, moslimischen und yezidischen Schülern fördern will.

Den Abschluss bildete ein zweiter Besuch im Priesterseminar von Ankawa. Wieder bot sich reichlich Gelegenheit, mit der verhältnismäßig großen Zahl an Seminaristen (ca. 30) zu sprechen. Sie wurden auch gefragt, ob sie sich nicht davor fürchteten, später als Priester in die gefährlichen Orte des Irak zu gehen. Da kam ein eindeutiges „Nein" zurück!

Was war nun das Ergebnis dieser offiziellen Reise in den Irak?

Sie hatte eine besondere Bedeutung für die Christen und Priester im Irak, die sich über die Solidarität freuten, und für die vier Bischöfe, weil sie ihre Anliegen vorbringen konnten und auf Unterstützung hofften. Den Politikern und Imamen zeigte sich die Solidarität darin, dass die Christen Glieder einer größeren Gemeinschaft sind, um die man sich im Westen Sorgen macht.

Der Vollversammlung der Österreichischen Bischöfe vom 2. bis 6. November 2008 wurde ausführlich über den Besuch berichtet, dabei abschließend festgestellt: „Auch in Österreich muss langsam das Leid der Christen und anderer Minderheiten im Irak zur Kenntnis genommen werden. Es braucht zusätzliche Finanzmittel für die Hilfe: Staatliche Hilfe, Unterstützung seitens der Bischofskonferenz und Spendenaktionen unserer kirchlichen Hilfswerke. Es ist weiterhin wichtig, die Christen zu besuchen und Anteil zu nehmen am Leid und an den Problemen der Vertriebenen". In der Presseerklärung las man: „Die Christen und ihre Bischöfe im Nordirak sind dankbar für jedes Zeichen der Solidarität. Diese Solidarität muss sich in dreifacher Richtung entfalten: Im Gebet, aber auch durch moralische und materielle Unterstützung". Den Bischöfen im Irak wurde schriftlich der Vorschlag gemacht, ein Hilfswert vor Ort zu errichten, um besser helfen zu können. Damit waren meine Erwartungen an den offiziellen Besuch des Nordirak durch eine Delegation der Österreichischen Bischöfe leider auch schon beendet. Mit Worten allein ist den Christen im Irak nicht geholfen.

Der Vorschlag, ein Büro vor Ort zu errichten, wurde in anderer Weise aufgegriffen: Vom 9. bis 12. November 2009 fand auf Initiative des Ostkirchen Hilfswerks Roaco ein großes Treffen in Ankawa statt, an dem die katholischen Bischöfe des Irak, Ordensobere und Vertreter der deutschen Hilfswerke teilnahmen, und zu der auch ich eingeladen wurde. Es gab viele Berichte, wobei Louis Sako unsere Arbeit erwähnte, und auch ich einen Bericht über das bisher Geleistete geben konnte. Als Ergebnis wurde ein Büro in Ankawa beschlossen. Nach einigen Lebenszeichen hörte man wegen der politischen Entwicklung von einem Büro nichts mehr.

Teilnehmer der Roaco-Konferenz in Ankawa

Journalistenreise 2013

Schon im Mai 2012 hatte KATHPRESS Wien eine Reise in den Nordirak mit einigen Teilnehmern organisiert. Zu einer eigentlichen Journalistenreise wurde 2013 eingeladen, die von Bischof Dr. Manfred Scheuer, der damals die Diözese Innsbruck leitete und für Ökumene und Caritas in der Österreichischen Bischofskonferenz zuständig war, geleitet wurde. Sie wurde von Mag. Georg Pulling und mir organisiert und fand vom 7. bis 12. April 2013 statt. An ihr nahmen 10 Journalisten und Maximilano Cappabianca von der vatikanischen Ostkirchenkongregation teil. Leider gab es dabei keine Begegnung mit dem früheren Erzbischof Louis Sako, der inzwischen als Louis Raphael I. Patriarch der Chaldäischen Kirche in Bagdad geworden war.

Das erste Erlebnis für die Teilnehmer war die Abendmesse am Sonntag in Kirkuk, die der Regens des Priesterseminars von Ankawa, Fr. Fadi Lion Nissan, zelebrierte, und das folgende Beisammensein mit den Gläubigen im Pfarrsaal. Die Freude über den Besuch war überall zu spüren. Am Montag gab es Begegnungen mit Muslimen und Scheichs. Bei einem Empfang des stellvertretenden Gouverneurs von Kirkuk, Rakan Said, wurde die wichtige Rolle der Christen für den Frieden betont, die Rolle des neuen Patriarchen als Friedensstifter erwähnt und die Notwendigkeit des Respekts zwischen den Religionen und Ethnien als Voraussetzung für eine gute Zukunft unterstrichen. Der Ölreichtum sei eine Chance, aber auch der Grund für Konflikte mit der Zentralregierung, weil die Zugehörigkeit von Kirkuk zur Autonomen Region Kurdistan oder zum Gesamtirak nicht geklärt sei.

Der Abend galt einem Gespräch mit Erzbischof Bashar Warda im Priesterseminar in Ankawa über die Lage der Christen: Unter Saddam Hussein waren die Minderheiten geschützt, dagegen hätten die USA und Europa gegenwärtig kein Interesse an den Christen im Irak, sondern nur am Ölreichtum. Die Christen würden sich als im Stich gelassen fühlen. Deshalb hätten bereits 2/3 der Christen das Land verlassen. Das sei ein Sog, dem die meisten Christen nachgeben würden.

Am nächsten Tag wurden in Ankawa das Babel College, die 1981 fertig gestellte Kathedrale St. Joseph und die Pfarre St. Georg besucht. Der dortige Pfarrer erwähnte ein Problem, über das meist geschwiegen wird: Ankawa leidet unter Prostitution, Alkohol und Drogen. Was im muslimischen Erbil strengstens verboten ist, wird im christlichen Ankawa von Muslimen reichlich ausgeübt. Es folgte ein Gespräch mit dem Gouverneur der Provinz Erbil, Nawzad Hady. Er verwies auf die großen Investitionen zum Aufbau des Landes und hoffte, dass die Autonome Region Kurdistan eine Vorbildwirkung für Frieden, Demokratie und Zusammenleben der Ethnien und Religionen für den Irak habe. Abschließend wurde die Zitadelle besichtigt und die uralte Geschichte von Erbil bedacht.

Die Gruppe in Ankawa vor dem Nebengebäude des Seminars

Das nächste Ziel war Dohuk, doch auf dem Weg dorthin wurde das syrisch-orthodoxe Kloster Mar Mattai besucht und dort ein Gespräch mit dem Erzbischof geführt.

Von Dohuk aus wurden Zakho und einige christliche Dörfer in dessen Nähe besucht, um die ich mich jahrelang bemüht hatte. Bisher galten die Besuche doch nur dem städtischen Bereich mit Begegnungen mit Bischöfen und Politikern. Die Gruppe erlebte nicht, mit welch großen Schwierigkeiten die Christen im Jahre 2005 in diese Dörfer heimkehrten und welche Probleme sie immer noch hatten; sie wusste nicht, wie die Diözese bisher geleitet wurde. Damals war der Bischofssitz vakant.

Wir besuchten in Levo den Kindergarten, den auch ich erstmals sah. Ich stellte auch die Mängel fest, aber ich wusste ebenso um die Schwierigkeiten der Errichtung. Da hingen noch keine Bilder, da war der Spielraum noch ohne Einrichtung und die Pulte in den beiden Gruppenräumen unmöglich. Man war enttäuscht von der Art, wie die Kinder betreut wurden, mehr Vorschule als Spiel. Doch das Dorf war froh, überhaupt jemand zu finden, der um 100 Dollar im Monat arbeitet oder nur von dem, was die Eltern freiwillig zahlen. Wie bemühen sich diese jungen Kindergärtnerinnen ohne jede Ausbildung um die Kinder! Die Mängel sah man, aber nicht die großen Mühen um den Bau des Kindergartens.

Der nächste Besuch galt Nafkandala. Welch herzliche Begegnungen mit den Christen. Mit welcher Freude kamen die Kinder gelaufen mit Wiesenblumen in den Händen! Doch ein Zeichen des guten Klimas! Man steht vor dem Haus, das wir um zwei Räume erweitert haben. Wie froh war ich, dass die beiden Gewächshäuser, für die soviel von den Christen von Nafkandala geleistet wurde, den Winter überstanden haben, aber anfangs April war erst eines bepflanzt.

In Qarawella steht der Traktor schön gewaschen da, also unbenützt. Die *Initiative Christlicher Orient* hatte ihn ein Jahr zuvor gekauft; für den 12. Mai 2012 war ja die Rückgabe des Ackerlandes versprochen. Es passierte nichts. Die Regierung hielt ihr Versprechen nicht!

In Deiraboun wird die schwierige Lage mit den benachbarten Kurden und Yezidi besprochen. Ich freue mich u. a. über den Wassertank, die neun Geschäfte und das Pfarrbüro!

In Veshkhabur freute sich die Gruppe am schönen Ausblick auf den Tigris. Rückkehr nach Dohuk. Die Gruppe verlässt die Diözese wieder, ohne wirklich mit der schwierigen Situation der Christen konfrontiert worden zu sein! Es verwundert nicht, dass in Zakho keine Konkurrenz von anderen Hilfsorganisationen anzutreffen ist. Eine Woche später war ich wieder allein in Veshkhabur, um über eine Erweiterung des Saales für dieses große Dorf und über die Gestaltung eines gepflegten Areals und Kinderspielplatzes zu sprechen.

Freundlicher Empfang in Nafkandala

Die neu aufgebauten Dörfer sehen nicht besonders schön aus, aber wenn man in den Dörfern manch schön gepflegten Garten sieht, Gottesdienste, Patrozinien oder Hochzeiten erlebt hat, dann spürt man, wie bei den Menschen trotz aller Widrigkeiten doch wieder alte Kultur auflebt. *Initiative Christlicher Orient* hat auch einen Kurs für Gesang für Chorleiter unterstützt, damit die Liturgie schön gestaltet wird, und ich durfte am Ende die Zeugnisse verteilen.

Nur mit Geduld und Ausdauer, mit dem Mut, auch Fehler zu machen, mit Liebe zu den einfachen Menschen in Not und mit Dankbarkeit für die Spender kann man helfen!

Es wurde auch vermutet, dass durch meine intensive Hilfsbereitschaft manche Erwartungen gefördert oder sogar gefordert wurden. Zunächst gilt: Wenn man nichts tut, wird auch nichts erwartet und noch weniger etwas gefordert! An aggressive Forderungen kann ich mich nicht erinnern und über Erwartungen wurde gesprochen und dann entschieden. Ein gegenseitiger Respekt und gegenseitiges Vertrauen muss immer vorhanden sein, auf jeder Seite.

Der nächste Tag gehörte zunächst dem Besuch von Alqosh. Doch bleibt nur Zeit, die Kathedrale und die Synagoge mit dem Grab des Propheten Nahum zu besichtigen. Mit dem chaldäischen Bischof Michael findet ein kurzes Gespräch statt. Es folgt ein Höhepunkt: Die Besichtigung des Klosters Rabban Hormizd. Von hier aus wurden lange Zeit die Kirche des Ostens und die Chaldäische Kirche geleitet, hier vollzog sich die Einheit mit der Kirche von Rom, von hier aus gingen Missionare bis nach China.

Das Ziel des Tages war das Priesterseminar in Qaraqosh, doch vorher wurden noch zwei wichtige Orte besucht: Karamles, wo wir in der Kirche Mar Addai am Grab des Märtyrers Ragheed Ganni beteten, und das Kloster Mar Behnam. Die kostbare Ausstattung war für alle eine große Überraschung.

Am Abend hatten wir im Priesterseminar in Qaraqosh ein interessantes Gespräch mit Erzbischof Yohanna Petros Mouche. Er berichtete von seinen Erfahrungen und der Situation in Mosul. Das Leben in Mosul sei für die verbliebenen Christen gefährlich. Man könne nur auf bestimmten Wegen die Stadt besuchen. — Damals ahnte noch niemand, dass Qaraqosh und die Orte der Ninive Ebene ein Jahr später vom IS überfallen und verwüstet würden.

Am letzten Tag blieb genügend Zeit für Qaraqosh: für seine Kirchen, das Pastoralzentrum und einen Gang durch die Stadt. Nach dem Mittagessen brach man zum Flughafen auf.

Ich blieb noch eine Woche im Nordirak, um mit Frau Marie-Ange Siebrecht, die viele Jahre bei *Kirche in Not* auch für dieses Gebiet zuständig war, die Dörfer im Norden zu besuchen. Frau Siebrecht hat mich einige Male mit ihrer reichen Erfahrung unterstützt, die anstehenden Projekte besprochen und Protokoll geführt. Ich bin ihr für ihre Begleitung überaus dankbar! Ich konnte freilich nicht ahnen, dass es krankheitsbedingt mein letzter Besuch im Orient sein sollte und viele Projekte zwar besprochen, aber nicht mehr durchgeführt wurden.

Innenhof des Priesterseminars in Qaraqosh

Festliche Tage: Amtseinführung von Patriarch Louis Raphael I. Sako

Am 1. Februar 2013 wurde Erzbischof Louis Sako von Kirkuk von der Synode der Chaldäischen Kirche zum Patriarchen gewählt und gab sich den Namen Louis Raphael I. Noch am selben Tag gewährte ihm Papst Benedikt XVI. die kirchliche Gemeinschaft. An der Amtseinführung am 6. März 2013 in Bagdad nahmen aus Österreich teil: Präsident von PRO ORIENTE/Wien Dr. Johann Marte, Univ. Prof. Dr. Dietmar W. Winkler/Salzburg und der Autor.

Bereits am Flughafen in Wien traf ich den syrisch-katholischen Bischof der USA und Kanadas, Mar Barnaba Yousif Habash. Die erste Überraschung in Bagdad war für mich der Empfang am Flughafen als VIP und die Fahrt mit einigen Bischöfen unter Polizeischutz mit Blaulicht zum Kloster der chaldäischen Schwestern im Zentrum von Bagdad. Jede weitere offizielle Fahrt ging so vor sich. Die Autos wichen aus und gaben für uns freie und schnelle Fahrt!

Am nächsten Tag lud mich Bischof Barnaba zu einem Besuch seines Amtsbruders an der syrisch-katholischen Kathedrale „Unsere Liebe Frau von der Erlösung" ein. Die Eingangsfront der Kirche beeindruckt durch das Kreuz, das von einem in die Höhe strebenden Bogen umgeben ist. Am 31. Oktober 2010 gab es bei einem terroristischen Überfall für die zur Sonntagsmesse in der Kathedrale versammelten Christen wegen der versperrten Tore kein Entrinnen. Insgesamt kamen 58 Menschen ums Leben, davon zwei Priester und 42 Christen. Die Spuren des Terrors sind verschwunden, nur im Bereich der Sakristei hat man eine Tür mit den Einschüssen belassen. In einem Museum kann man die Bilder und Erinnerungsstücke an die Märtyrer sehen. In der Krypta sind die beiden Priester bestattet. Ich traf auch den jungen Kaplan Karam Kamal, den ich vor der Weihe zum Diakon im Priesterseminar in Ankawa kennen gelernt hatte, der nun den Dienst seiner ermordeten Freunde fortsetzt.

Am selben Tag besuchte ich die Pfarre von Fr. Douglas Dawood. Vor 2004 hatte er 2.500 Familien, jetzt nur mehr 312. Während wir in seiner Wohnung saßen, legte ihm die Sekretärin einige Taufscheine zur Unterschrift vor für eine Familie, die die Auswanderung vorhatte. Im Kindergarten mit 200 Kindern und in der Grundschule mit 700 Schülern sind nur 15% christlich.

Anschließend begaben wir uns an den Tigris, den ich nun von seinem Ursprung in einem See in der Türkei, im Tur Abdin, als Grenzfluss zu Syrien und als breiten Strom in Bagdad kenne.

Eingangsfront der syr.-kath. Kathedrale

Inneres der Kathedrale

Die Feier der Amtseinführung

Die Umgebung der chaldäischen St. Josefskathedrale war abgesperrt und streng bewacht. Davon hob sich die festlich gestaltete Feier ab, an der auch die Spitzen der irakischen Regierung teilnahmen.

Beim Einzug folgten dem Diakon mit Evangeliar die nichtchaldäischen Bischöfe, die chaldäischen Bischöfe mit Stab und Mitra, der Patriarch, bekleidet mit Albe und Stola. Nach Gebeten wurde das Evangelium vom Amt des Apostels Petrus verkündet.

Den Kern der Feier bildete eine überaus sinnvolle Handlung: Die chaldäischen Bischöfe bildeten einen Kreis um den Patriarchen und legten ihm die Hände auf. Er wurde mit dem liturgischen Gewand bekleidet, Mitra und Stab wurden ihm überreicht. Alle Bischöfe legten ihre Stäbe ab und ergriffen den einen Stab des Patriarchen, ein deutliches Zeichen von Einheit. Alle Bischöfe küssten die Hand des Patriarchen. „Von der Synode gewählt und eingesetzt!".

Die Ansprache leitete Patriarch Louis Raphael mit seinem Wahlspruch ein: „Authentizität, Einheit und Erneuerung". Die Christen ermunterte er: „Ihr seid am Ursprung dieses Landes. ... Warum fürchtet ihr euch heute? ... Zieht euch nicht zurück und wandert nicht aus in Zeiten großer Bedrängnis. Das ist eure Heimat und euer Land!" Im Anschluss sprachen Ministerpräsident Al-Maliki, Parlamentspräsident Al-Hassani und ein Vertreter der Minderheiten.

Am Abend feierten die chaldäischen Christen von Bagdad und Kirkuk mit Patriarch Louis Raphael I. eine festliche Liturgie in der Kathedrale.

Am Vormittag des folgenden Tages wurden die Gäste zu einem offiziellen Besuch des überaus sehenswerten Nationalmuseums mit kostbarsten archäologischen Schätzen eingeladen. Was sonst nicht möglich ist, war bei diesem Anlass erlaubt: Ich konnte nach Herzenslust fotografieren!

Mittags lud Nuntius Erzbischof Giorgio Lingua in seine Residenz zu einem festlichen Mahl ein. Das Gebäude ist von einer hohen Mauer umgeben. Im Garten blühte eine Vielfalt schöner Blumen, die mich reizten, den *arabischen Frühling* einzufangen. Da die Zahl der geladenen Gäste gering war, konnte man dem Patriarchen und den Bischöfen viel persönlicher begegnen. Der Sekretär des Nuntius bedauerte mir gegenüber, er könne ohne Sicherheitsschutz nur in den Garten gehen; bei jedem Schritt, den er außerhalb der Mauern machen wolle, wird er bewacht.

Am Nachmittag lud mich der chaldäische Erzbischof von Teheran, Ramzi Garmou, zu einem Besuch in ein Seniorenheim ein, dessen Leitung er kannte. In zwei großen Sälen wurden die alten Menschen liebevoll betreut. Europäischer Standard fehlte.

Am Abend gab es ein letztes Treffen bei den chaldäischen Schwestern, die dem Patriarchen einen Kelch überreichten. Auch sein Vorgänger, Patriarch Emmanuel III. Delli, der bei den Schwestern wohnte, war anwesend.

Die Amtseinführung von Louis Raphael I. Sako war ein Fest der Freude und der Hoffnung inmitten einer von Terror belasteten Umgebung. Die starke Präsenz der Sicherheitskräfte an allen wichtigen Straßen und Plätzen der Stadt, besonders in der Nähe der Kathedrale, ließen die gespannte Lage erahnen.

Patriarch Louis Raphael I. Sako hat eine schwierige Aufgabe und Verantwortung übernommen. Darum bat er um das Gebet, „damit der Herr mir beistehe, das zu vollbringen, was jene eingeleitet haben, die mich für diesen patriarchalen Dienst gewählt haben".

Wie notwendig er doch das Gebet in den kommenden Jahren brauchen wird!

Seine Seligkeit Louis Raphael I. Sako, Patriarch von Babylon der Chaldäer, wurde am 28. Juni 2018 von Papst Franziskus zum Kardinal kreiert. *AD MULTOS ANNOS!*

Die Delegation aus Österreich

Mein letztes Foto vom Orient (April 2013) aus dem Vorgarten des Priesterseminars in Ankawa

Wofür ich dankbar bin

Im Rückblick auf 25 Jahre Arbeit für die Christen im Orient bin ich vor allem dankbar für die vielen Begegnungen, Erfahrungen und Hilfen im Orient und in der Heimat. Ich wurde in diesen Jahren reich beschenkt!

Die Begegnung mit den Christen in einigen Ländern des Orients empfinde ich als Geschenk, das mein Leben vielfach bereichert hat. Dabei beeindruckte mich ihre Glaubensstärke in einer feindlich gesinnten islamischen Umwelt. Sie setzen damit fort, was ihnen in der fast 2000-jährigen Geschichte widerfahren ist, in der sie häufig benachteiligt, bedrängt, verfolgt und zu Märtyrern wurden. Trotz mancher Schwierigkeiten versammeln sie sich am Sonntag, um den Glauben gemeinsam zu feiern. Ich fühle mich mit ihnen tief verbunden.

Ich bin zutiefst dankbar für die vielen Begegnungen mit Patriarchen, Erzbischöfen, Bischöfen und Priestern. Sie haben mich gerne aufgenommen, mich beraten und Wege gewiesen. Mit vielen bin ich nach wie vor freundschaftlich verbunden. An ihnen, den Verantwortungsträgern vorbei zu agieren, wäre ein falscher Weg. Man muss sich aber erst an das hohe Ansehen gewöhnen, das die Bischöfe im Orient bei der Bevölkerung genießen.

In den einzelnen Ländern erfuhr ich vielfältige Unterstützung, welche die Hilfe für die Christen erst ermöglichte. Ich kann nur die wichtigsten Personen nennen:

Ich danke für die Freundschaft, die mir Seine Eminenz Patriarch Louis Raphael I. Kardinal Sako gewährt hat. Er hat mir im Nordirak die Wege zu den Christen in Not gewiesen und meine Bemühungen mit der Ernennung zum Chorbischof der Chaldäischen Kirche gewürdigt.

Viele Jahre hat mich Metropolit Mor Timotheos Samuel Aktas im Kloster Mor Gabriel aufgenommen und meine Bemühungen um die Christen im Tur Abdin wohlwollend begleitet. Ihm und Archidiakon Melfono Isa Gülten danke ich herzlich für alle Zusammenarbeit.

In Bethlehem fand ich bei Familie Naber nicht nur eine Bleibe, sondern erfuhr ebenso eine unersetzliche Hilfe bei den Kontakten mit vielen Werkstätten für Olivenholzarbeiten.

Den Libanon kenne ich vor allem durch Fr. Abdo Badwi, Professor für christliche Kunst an der Kaslik Universität. Wie viele Kontakte und Fahrten durch das Land verdanke ich ihm doch!

In Syrien war Homs das Zentrum für alle Projektarbeit. Ich konnte Jahre hindurch bei Familie Dalati wohnen, die mich zu vielen Orten brachte und mich in vielerlei Weise unterstützte.

Bei den vielen Besuchen in den Dörfern im Nordirak hat mich Herr Daniel Zuhair als Dolmetscher begleitet. Wie wäre ich ohne ihn zurechtgekommen? Danke für diesen Dienst!

Schließlich möchte ich auch dem Direktor des Österreichischen St. Georgs-Kollegs in Istanbul, Hofrat Mag. Franz Kangler CM, danken, dass ich den Tur Abdin erstmals kennen lernte und auf dem Weg in die Osttürkei oft in seiner Hausgemeinschaft bleiben konnte.

Die Begegnung mit denen, die als Märtyrer starben, hat mich zutiefst betroffen gemacht:

Ich denke an den chaldäischen Erzbischof Paulos Faraj Rahho von Mosul, den man entführt und ermordet hat, und an seinen Sekretär und Pfarrer an der Heilig Geist-Kirche Ragheed Ganni, dem ich zwar nie begegnet bin, aber wiederholt an seinem Grab in Karamles betete.

Ich fühle mich tief verbunden mit dem syrisch-orthodoxen Erzbischof Gregorios Yohanna Ibrahim von Aleppo, in dessen Bischofshaus ich oft zu Gast war, und mit dem melkitischen Erzbischof Boulos Yazigi, die beide entführt wurden und deren Schicksal ungewiss ist.

Ebenso denke ich an den lieben Freund Pater Paolo Dall'Oglio von Mar Musa. Er erlitt dasselbe Schicksal wie die beiden Erzbischöfe.

Erzbischof Luigi Padovese OFMCap, Apostolischer Vikar von Anatolien, dem ich wiederholt begegnet bin, wurde im Juni 2010 vor seinem Bischofshaus in Iskenderun ermordet.

Mir ist auch die Erinnerung an einige Opfer der Gewalt im Tur Abdin sehr wertvoll, vor allem an die Bürgermeister von Kelith, Hah und Dersalip.

„Selig, die verfolgt werden um der Gerechtigkeit willen; denn ihnen gehört das Himmelreich (Mt 5,10).

Ich habe in vielfacher Weise die Einheit und Zusammenarbeit der Christen erlebt, besonders bewunderte ich den Zusammenhalt der katholischen und orthodoxen Bischöfe von Homs, Aleppo und Damaskus, die sich regelmäßig trafen. In keiner Sitzung der *Initiative Christlicher Orient* redeten wir über Ökumene. Ich fühlte mich mit allen Christen im Glauben verbunden und arbeitete zehn Jahre fast nur für die Syrisch-orthodoxe Kirche im Tur Abdin. Die gelebte Einheit und konkrete Hilfe ist wichtiger als das viele Reden über Ökumene. Im syrisch-orthodoxen Kloster Mor Gabriel wurde ich oft zur Konzelebration (nach ihrem Verständnis) eingeladen.

Die Teilnahme an den maronitischen, syrisch-orthodoxen und chaldäischen Liturgien, die ich zwar von der Theorie her kannte, nun aber mitfeiern konnte, hat mich sehr bereichert. Die Teilnahme der Jugend und die Führung des Gemeindegesanges durch eine jugendliche Schola machten die Feiern beeindruckend lebendig. Mich fasziniert die Musikalität des Orients! Ebenso bleibt die Liturgie an den Drei Österlichen Tagen in der Bischofskirche in Midyat oder im Kloster Mor Gabriel unvergesslich!

Ich erlebte im Tur Abdin und auch anderswo die Angst der Christen und habe sie ein wenig mitgetragen. Wie dankbar waren sie, wenn man sie trotz der Gefahren besuchte. Später sagte man im Tur Abdin: „Wir haben jetzt viele Besucher, Fr. Hans aber war bei uns, als nur wenige es wagten, zu uns zu kommen". Den Namen „Father Hans" hörte ich gerne!

Die Begegnungen mit Militär und Geheimdienst im Tur Abdin waren oft mehr als spannend. Gerne erinnere ich mich aber an herzliche Begegnungen mit Militärkommandanten.

Ich bin dankbar für die verschiedenartigen Begegnungen mit Muslimen. Diese Erfahrung prägte meine Einstellung zum Islam. Ich erlebte die Benachteiligungen der Christen, saß aber ebenso mit Muslimen bei einem Tee beisammen und diskutierte mit ihnen. Zwei Aussagen, die ich mir vom Tur Abdin gemerkt habe, möchte ich wiederholen: „Den Islam kennt nur, wer unter ihm lebt!" Eine deutliche Warnung für den Westen! Und die Worte eines Mannes, der beruflich viele Kontakte mit Kurden hat: „Die Kurden sagen: Die Christen sind stärker als wir". Eine Hoffnung für die Zukunft! Meine Einstellung zum Islam wurde vor allem vom Verhalten des chaldäischen Patriarchen Louis Raphael I. Sako geprägt, der ständig die gleichen Bürgerrechte für Christen und Muslime einfordert und die Trennung von Religion und Politik verlangt.

Ich bin überaus dankbar, die hohe Kultur des Orients kennen gelernt zu haben, die oft nur als Ruine erhalten ist. Allein die alten Klosterkirchen des Tur Abdin mit ihren Querschiffen aus dem 5./6. Jahrhundert und die vielen Dorfkirchen aus dem 8. Jahrhundert sind ein faszinierendes inoffizielles Weltkulturerbe. Ebenso bewunderte ich viele Klöster und Kirchen in den anderen Ländern und die Schätze in den Museen. Vom Orient haben wir unsere Kultur erhalten. Ich denke an Biblos im Libanon, wo die Schrift entstand, oder an das vielfältige Erbe, das die Römer hinterlassen haben. Österreich südlich der Donau und viele Länder des Orients hatten Jahrhunderte hindurch eine gemeinsame Hauptstadt: Rom.

Ich erlebte auch den hohen Bildungsstand der Christen: Das ist ihr großer Schatz, ohne den sie im Orient keine Zukunft haben; aber auch der Orient wird ohne die Christen verkommen. Das wissen verantwortungsvolle Politiker zu schätzen und sagen es immer wieder: Wir brauchen die Christen!

Ich bin dankbar, dass ich durch den Bildband „Lebendiges Kulturerbe Turabdin" einen wichtigen Beitrag leisten konnte, um den Tur Abdin bekannt zu machen. Jeder hohe Politiker der Türkei bekam ihn vom Kloster Mor Gabriel geschenkt und sollte sich daher dieses Kulturerbes bewusst sein. Ebenso habe ich mit dem Buch „Baum des Lebens. Darstellung und Verehrung des Kreuzes im Orient" ein Thema aufgegriffen, das ein helles Licht auf das Kreuz als Symbol der Auferstehung wirft und im Orient so gesehen wird. Patriarch Louis Raphael I. Sako hat eine arabische Übersetzung veranlasst und das Buch in Bagdad veröffentlicht.

Ich bin meinem damaligen Bischof Dr. Maximilian Aichern dankbar für das Einverständnis, meine Zeit als emeritierter Professor für die Christen im Orient verwenden zu dürfen. Dadurch war es mir möglich, viel Zeit bei den Christen im Orient zu verbringen und durch die zahlreichen Besuche die Situation an der Basis kennenzulernen.

Danken möchte ich allen, die mich zu den Christen in den orientalischen Ländern begleitet haben, einzelnen Personen oder Gruppen, die ich durch ein Land führen und manche Begegnung ermöglichen konnte, die man als Tourist niemals hat. Die offiziellen Besuche waren für Christen und Politiker ein Zeichen der Solidarität.

Ich danke allen, die in diesen 25 Jahren mitgearbeitet haben, vor allem den Mitgliedern des Vorstands der *Initiative Christlicher Orient*. Mitarbeit und gute Beratung waren immer wertvoll und notwendig! Unter den Mitarbeitern danke ich besonders Klaus Strassner/Wien. Er hat 20 Jahre die beiden Zeitungen *Stimme des Tur Abdin* und *Information Christlicher Orient* mit großem Einsatz gestaltet und damit die Anliegen des Vereins mitgetragen.

Herzlichen Dank an Frau Marie-Ange Siebrecht/Frankreich. Sie hat jahrelang bei *Kirche in Not* auch für die Christen im Orient gearbeitet, mich bei einigen Besuchen im Nordirak begleitet und bei Entscheidungen beraten. Ihr schulde ich großen Dank!

Herr Kurt Eichinger besuchte für mich die Dörfer in der Diözese Zakho, um dort die konkreten Verhältnisse zu erkunden. Danke für diese Mühe!

Seit September 1998 bereitete ich zwanzig Jahre mit Universitätsprofessor Dr. Dietmar W. Winkler/Salzburg die ICO-Tagung im Bildungshaus St. Virgil in Salzburg vor. Durch seine vielen Beziehungen zu Fachleuten und durch meine Kenntnis der konkreten Lage der Christen im Orient haben wir uns gut ergänzt und ebenso gut verstanden. Für diese Zusammenarbeit möchte ich ihm herzlich danken und auf die gute Entwicklung dieser Tagung hinweisen.

Etwa ein Jahrzehnt leiteten der evangelische Pfarrer Horst Oberkampf/Bad Schussenried und ich die *Solidaritätsgruppe Tur Abdin*, die sich weniger konkrete Hilfen, sondern die kirchliche und politische Unterstützung des Tur Abdin zur Aufgabe gemacht hatte. In zahlreichen Eingaben und Veröffentlichungen traten wir für die Rechte der dortigen Christen ein. Ihm danke ich für die gute Zusammenarbeit bei vielen Tagungen und Aktionen!

Ich möchte allen Spendern herzlich danken für das Vertrauen, das sie mir entgegen gebracht haben! Ihnen verdanke ich in diesen 25 Jahren mehr als 4 Millionen Euro an Spenden, mit denen ich vielen Christen helfen konnte. „Vergelt's Gott!" möchte ich allen Spendern zurufen, nicht nur in meinem Namen, sondern auch im Namen aller, denen damit geholfen werden konnte! Mit einem Wort des Apostel Paulus möchte ich für das geschenkte Vertrauen „den Dank vervielfachen" (2 Kor 4,15).

Ich bin denen zu Dank verpflichtet, die im Jahr 2014 den Verein *Initiative Christlicher Orient* von mir übernommen haben: Generaldechant Dr. Slawomir Dadas und die Geschäftsführerin Mag. Romana Kugler. Ihnen wünsche ich für die Weiterführung des Anliegens alles Gute! Habt das Herz bei den Christen im Orient!

Zum Schluss wiederhole ich, was ich im Vorwort festgestellt habe: Ich bin durch Zufall zu den Christen im Tur Abdin und in Folge zu den Christen im Orient gekommen. „Zufall ist vielleicht das Pseudonym Gottes, wenn er nicht selbst unterschreiben will" (Anatole France). Ich hoffe, er wird doch manches unterschreiben, und ich danke ihm dafür!

Inhalt

SYRIEN

TÜRKEI

Nusaybin

Qamishli

IRAK

Tigris

Tote Städte

Aleppo

Euphrat

Orontes

MITTELMEER

Latakia

Maarat an-Numan

Taybat al-Imam

Hama

Homs

Palmyra

Dura Europos

Qara

Mar Musa

LIBANON

Maalula

IRAK

Saidnaya

Damaskus

Esra

Sweida

JORDANIEN

Bosra

ISRAEL